高等院校"十三五"应用型规划教

会计核算实训

主　编　国凤兰　刘庆志
主　审　张振华
副主编　崔　冰　王富兰
　　　　刘计华　陈小云

南京大学出版社

图书在版编目(CIP)数据

会计核算实训/国凤兰,刘庆志主编. —南京：

南京大学出版社,2016.10

高等院校"十三五"应用型规划教材·财会专业

ISBN 978 - 7 - 305 - 17694 - 4

Ⅰ. ①会… Ⅱ. ①国… ②刘… Ⅲ. ①会计学—实验

—高等学校—教材 Ⅳ. ①F230 - 33

中国版本图书馆 CIP 数据核字(2016)第 244595 号

出版发行 南京大学出版社
社　　址 南京市汉口路 22 号　　　　邮编　210093
出 版 人 金鑫荣

丛 书 名 高等院校"十三五"应用型规划教材·财会专业
书　　名 **会计核算实训**
主　　编 国凤兰 刘庆志
责任编辑 武坦 尤佳　　　　编辑热线　025 - 83597482

照　　排 南京理工大学资产经营有限公司
印　　刷 南京玉河印刷厂
开　　本 787×1092 1/16 印张 19.25 字数 407 千
版　　次 2016 年 10 月第 1 版　2016 年 10 月第 1 次印刷
ISBN　978 - 7 - 305 - 17694 - 4
定　　价 59.00 元

网　　址:http://www.njupco.com
官方微博:http://weibo.com/njupco
官方微信号:njuyuexue
销售咨询热线:(025)83594756

前　　言

　　会计学专业是一个技术性、实践性比较强的专业,加强会计专业实践性教学是培养高级应用型会计人才的必要手段。

　　财会审一体化综合模拟实验系列教材是以优卡股份有限公司为仿真公司,以会计核算实验资料为基础,延伸开展财务管理实验和审计查账实验,形成财会审一体化的实验资料。财会审一体化综合模拟实验系列教材集会计核算、财务分析、资本运营、审计查账于一体的综合实验,贯通了会计学专业知识、素质和能力的训练和培养,改变了传统会计实验主要局限于单一课程内容的验证性实验,注重培养学生职业化应用能力。

　　本教材是财会审一体化综合模拟实验系列教材之一。编者在进行详实的现场调研的基础上,结合教学实际,以最新会计准则和税收相关法规为依据,以优卡股份有限公司的交易或事项为蓝本,精心编写了本教材。旨在强化会计专业学生的动手能力,会计职业能力和创新能力,以培养社会需要的高级创新应用型会计人才。

　　本教材的特色:

　　(1)多项研究成果的结晶。本教材是 2012 年山东省省级重点教改项目"基于会计职业能力培养的财、会、审一体化实验教学的改革与创新(编号:2012035)",2015 年山东省省级重点教改项目"基于春季高考的会计学专业人才培养模式研究(编号:2015Z068)",2012 年山东省"会计学特色专业"建设项目,2013 年山东科技大学群星计划"基于职业能力培养的会计实训教材建设研究(编号:qX2013279)"项目,2013 年"山东科技大学实验教学示范中心:经济管理综合实验中心"建设项目,2015 年山东科技大学教学研究项目"春季高考会计学专业人才培养模式研究(编号:JG201508)"和 2014 年山东省省级精品课程《高级财务会计》的阶段性研究成果的结晶,受到 2016 年"山东科技大学优秀教学团队建设计划"资助。

　　(2)仿真度高。本教材以优卡股份有限公司的交易或事项为蓝本,结合实验教学要求,精心提炼而成,实验资料高度仿真,其内容具有很强的实践性、操作性和应用性。

　　(3)内容完备、注重实效。内容设计上,本教材由仿真企业背景资料、会计基础知识、实验准备和建账以及实验材料组成,从基础知识把控到会计职业能力培养,融合贯通。实验资料设计上,本教材全部采用仿真的原始凭证,要求实验者根据原始凭证进行分析,以判断企业的交易或事项,这对培养实验者的专业技能和职业分析能力极其有效。

本教材由山东科技大学经济管理系会计教研室组织编写。本书共五章,由山东省省级精品课程《中级财务会计》主讲教师、硕士生导师国凤兰副教授和省级精品课程《基础会计》主讲教师刘庆志副教授担任主编,省级精品课程《高级财务会计》主讲教师、注册税务师崔冰和省级精品课程《高级财务会计》主讲教师王富兰担任副主编。具体分工如下:第一章、第三章由王富兰编写,第二章由刘庆志编写,第四章由国凤兰编写,第五章由国凤兰和崔冰编写。江霞、刘明传、吕春艳、刘计华和陈小云参加了本书的编校工作。

本教材在编写过程中,吸收借鉴了国内外会计最新研究成果和同类已有教程的精华,在此谨向这些教程的作者致以真诚的感谢!

本教材在编写过程中得到优卡股份有限公司、山东科技大学泰安校区教务部、经济管理系领导和师生的大力支持,得到南京大学出版社的鼎力支持和帮助,在此一并表示感谢。

本教材实验资料为高仿真资料,相关材料仅用于会计实验,不作它用。

经过编委会成员两年多的努力,终于将此书呈现给大家。但由于编者水平有限,书中难免存在疏漏之处,诚请各位同仁和读者批评指正。

微信扫码查看

目 录

第一章 概　述

第一节　财会审一体化模拟实验释义

一、问题的提出

社会对会计人才的需要是多方面、多层次的。目前,我国几乎每一所综合类院校都开设会计学专业培养会计人才,但对会计人才的培养往往缺乏科学定位和基于职业岗位需求的切实可行的人才培养模式。这导致社会对会计人才需求与高等学校培养的学生难以有效对接,不同层次的会计人才之间界限不清,学生就业出现瓶颈现象。所以,高等学校会计教育应建立在通过开展会计岗位划分,并在此基础上对会计岗位所需职业能力进行分析的基础上组织会计教学。

我国高等教育通过借鉴和吸收,在会计人才专业知识培养方面已具有较完备的理论体系。以课程为载体的理论知识教学体系布局合理,前后衔接得当。但在培养和训练学生实际操作应用能力和财务信息获取、分析、运用能力方面的实习、实验教学严重不足,不同课程之间以知识为基础的专业应用能力培养缺乏统筹和衔接,相互孤立,许多学生在知识学习阶段对于课程知识的学习目的和用途不理解,不惯通。其后果是延长了毕业生就业适应期,加剧了学生在学校所学知识和能力与用人单位需要之间的矛盾,降低了毕业生可持续发展的潜能,导致初级、中级会计人才过剩,而高级会计人才严重短缺的结构性失衡,会计领军人才更是奇缺。如何提高会计专业学生实际操作与应用能力呢? 一个可行的方案是:学生到单位进行实习,但是广大的企事业单位出于担心学生实习影响工作和保护企业商业秘密的考虑,不欢迎大学生到单位实习。另一个可行的方案是:在学校建立仿真实验室,开展模拟实验教学。

为了培养学生的应用能力,许多高校会计专业开展了会计模拟实验教学,取得了一定的成效,但总体来看,现行的会计模拟实验教学还存在许多不足。表现在:首先,重会计核算能力实验,轻财务管理、资本运营、审计方面的实验。大部分高校会计专业模拟实验教学局限在训练学生如何填制凭证、登记账簿、编制报表等会计核算层面上,而训练学生管理能力的财务管理、资本运作、审计监督评价方面的实验开展较少,效果不佳。其次,课程实验较多,综合性实验缺乏,学生综合能力和创新能力培养不足。高校会计模拟实验多以课程实验为主体,各课程实验之间,实验背景资料不统一,缺乏课程内容之间的衔接和联系,以验证本门课程知识为主,对学生从核算能力到财务管理能力,再到公司运营,审计监督、鉴定、评价能力等整个"能力链"的综合培养和训练不足,造成学生对知识学习和能力训练的不连贯、不系统。

编写本套教材的目的是通过分析会计职业的初级、中级、高级会计人才应具备的知识和能力,以会计学职业应用能力培养为导向,构建起以统一的模拟核算资料为基础,手工和计算机并行,集会计核算、财务分析、资本运营、审计查账于一体的综合实验平台。改变传统会计实验主要局限于单一课程内容,主要验证教材知识的验证性实验,注重培养学生职业化应用能力。

二、财会审一体化模拟实验教材的框架结构

本系列教材包括会计核算模拟实验教材、财务管理模拟实验教材和财务审计模拟实验教材三本,三本教材实验的背景企业资料统一、以会计核算模拟实验资料为基础,延伸开展财务管理实验和审计查账实验,形成财会审一体化的实验资料,可有效减少学生熟悉和阅读实验基础资料和素材的时间,提高实验效率;可很好贯通会计学专业综合知识和能力的训练和培养,大幅度提高模拟实验的效果。本系列教材在培养学生应用能力方面,将形成"突出一条主线,建成两个系统,构建四个平台"的能力链培养的特色。

"一条主线"是指会计专业人才"能力链"培养主线,即本系列教材由"会计核算能力→财务管理能力→公司治理能力→审计查账鉴证能力"组成。该条人才职业化应用能力培养主线以课程理论知识学习为基础,以同一单位一定时期发生的经济业务为对象,以培养会计人才初级、中级、高级不同职业岗位能力为目标,遵循会计人才职业能力形成和成长规律,通过设计和创新财、会、审一体化模拟实验教学模式和系统来实现。

"两个系统"分别是:"手工模拟实验系统"与"计算机模拟实验系统"并行,以适应当前我国大中型企业普遍实现会计电算化,而大量中小型企业仍沿用手工会计处理的现实。"手工模拟实验"由纸质模拟实验教材,手工填制会计凭证,手工记账,手工编制会计报表,手工开展财务分析、投融资决策方案优选,手工公司治理制度制定,手工查账为主线,培养学生科学的思想方法、规范而熟练的手工操作技能、综合的应用能力。"计算机模拟实验平台"则以计算机为工具,以"用友"财务软件为载体,将电子模拟实验数据导入电子模拟系统,由计算机完成会计核算,开展"用友 ERP"财务管理实验,利用计算机进行辅助审计。在实验室完成手工和计算机一体化模拟实验,并将实验结果相互印证,在帮助学生理解会计学专业理论知识的基础上,培养学生会计核算、财务管理、公司运营、审计查账的综合能力,并熟练掌握和运用计算机和先进的财务软件处理复杂业务的能力。

"四个平台"分别是:会计核算实验平台、财务管理实验平台、公司兼并重组实验平台和财务报表审计实验平台,四个平台由三本教材来体现。

会计核算能力是会计职业各层次的会计人才必须具备和精通的基本能力,也是本系列模拟实验教材的原始资料,是后续开展财务管理实验、审计查账实验的基础资料。该基础资料是否具有完整性、系统性、代表性和高仿真性,对本系列教材的成功具有至关重要的作用。本教材编写组利用社会联系广、实习单位多的优势,选择了"优卡股份有限公司,证券代码:300099"为样本公司,参考了另外 4 家制造企业会计核算资料,通过实地调研、搜集、整理、设计一套体现不同层次会计岗位能力需要的高仿真会计核算资料,为学生利用所学《基础会计》《中级财务会计》《高级财务会计》《成本会计》等课程知识模拟实验会计凭证的编制、输入、打印、审核、装订、归档,完成会计账簿的登记和会计报表的编制工作提供资料。利用该教材的模拟实验培养锻炼学生初级会计应用能力——从事会计核算工作能力。

财务管理是企业管理的核心,企业财务部门负责人及骨干会计人员不仅承担着日常财务管理职责,还要协助和参与公司董事会和公司高管完成重大财务管理活动,这些活动包括涉及企业发展的重大筹资问题、投资问题、股利分配问题及企业合并、分立、上市等重大问题的决策和管理。企业的财务管理活动是建立在会计核算资料基础上的,是在对会计核算形成的账簿、报表进行分析、比较的基础上,进行的投资决策、融资决策、预算编制等管理活动。

传统的财务管理模拟实验大都是单独设计所需实验资料,本系列教材的创新点主要体现在学生利用会计核算模拟实验阶段自己完成的模拟核算资料,针对设计出的适应企业在不同的宏观经济环境、不同的发展策略、不同的市场背景、不同的风险偏好情况下的财务管理方案和任务,开展模拟实验。该模拟实验模块的构建使得模拟财务管理活动建立在同一模拟企业和模拟会计核算资料基础上,增强了学生的认同感、成就感,减少了学生阅读基础资料的时间和精力,也更具有仿真性。通过该实验,训练学生利用所学《财务管理》《会计报表分析》《管理会计》课程方面的知识,进行财务分析、融资决策、投资决策、财务预算(计划)编制等财务管理应用能力的模拟实验提供实验资料和平台。可满足学生完成财务分析报告,制定出融资决策、投资决策方案,编制出财务计划的需要,从而培养和训练学生中级会计人才应用能力——从事财务管理工作的能力。

在经济全球化的背景下,企业间的竞争日益加剧,企业面临着众多的机遇、挑战和风险。以内部控制为基础的公司治理需要不断加强,企业也会面临兼并重组事件的发生。企业高级会计人员是企业公司治理和兼并重组的主要参与者和执行者。本项目以上述会计核算模拟实验资料和财务管理模拟实验资料为基础,补充部分实验素材,设计出企业公司治理环境、内部控制现状和面临的不同的经济竞争环境,满足学生利用《高级财务会计》《公司治理与运营》课程知识,模拟实验企业公司治理、兼并重组等方面的方案设计、优选及执行,培养和训练学生高级会计应用能力——公司治理、兼并重组方面职业应用能力,这是公司财务总监(总会计师)应具备的涉及企业重大事项方面的资本运营能力。

现代审计是在风险评估导向下,以内部控制制度测试为前提的审计,其目的是对会计报表的真实性、合法性发表意见。本项目仍以学生前期形成的会计核算实验资料为基础,设置部分错误和舞弊陷阱,要求学生模拟完成审计程序设计、审计方案编制、审计方法运用,对企业销售与收款循环、购货预付款循环、生产与存货循环、货币资金进行实质性测试。培养和训练学生审计查账应用能力——注册会计师评价、鉴定、审计方面职业应用能力。

第二节 模拟企业简介

一、优卡股份有限公司的基本情况

优卡股份有限公司位于山东省泰安市,地处泰安国家级高新技术产业开发区内,公司北依五岳独尊的巍巍泰山,南邻圣人之乡——曲阜,地理位置得天独厚,山水之间人杰地灵。

优卡股份有限公司属专用设备制造行业,在创业板上市交易,股票交易代码 3019888;法人代表:王大伟,公司联系电话 0538-8922999,注册地:山东省泰安市高新区南天街 50 号,邮政编码 271000;经山东省泰安市工商行政管理局核准设立,并于 2010 年 1 月 1 日取得泰安市工商行政管理局核发的 37092228887799 号的企业法人营业执照;公司被认定为增值税一般纳税人,增值税税率为 17%,企业所得税税率为 25%,税务登记证所列主营业务为:安全监测设备、灾害防治机电设备的生产和销售,主要产品有:锚护机具、仪表。

优卡股份有限公司以人为本、海纳百川、追求卓越,至 2016 年 12 月,公司在册职工 252 人,其中:生产工人 210 人,管理人员 30 人,销售人员 12 人。职工队伍中,本科以上学历占 70%以上,研究生以上学历占 30%以上,公司高管、中层管理人员为来自五湖四海的各类专业高级技术人才、综合管理人才。以优卡股份有限公司核心专家团队为依托,现建有国家级、省部级等各级技术中心10多个,拥有22项国家专利,30项国家授权知识产权,80项产品安全标志认证,研发团队曾参与国家多项科研技术攻关项目,并获国家科技项目二等奖、煤炭部科技进步三等奖等多项奖励。

公司面向市场、以客户为导向,致力于推动中国矿山安全事业的发展,历经十几年不断发展,公司大力推进科研成果向生产力转变,已成为国内煤矿安全行业的龙头企业。优卡股份有限公司矢志不移地把"为矿山安全护航"作为企业宗旨,把"全力服务用户,真诚回报社会"作为企业核心价值观,发扬"敬业、求实、创新"精神,精密管理、精益研发、精细生产、精致服务,做广大客户矿井生产的强大后盾,为矿山工人的安全幸福贡献一份责任和力量。

二、优卡股份有限公司的机构设置

(一)公司股本结构

公司严格按照《公司法》《证券法》《上市公司治理准则》《深圳证券交易所创业板股票上市规则》《深圳证券交易所创业板上市公司规范运作指引》等法律、法规和中国证监会、深交所相关文件的要求,继续完善公司的法人治理结构,建立健全公司内部管理和控制制度,持续深入开展公司治理活动,促进了公司规范运作,提高公司治理水平。

公司董事会设董事10名,其中独立董事4名,董事会的人数及人员构成符合法律、法规和公司章程的要求。各位董事能够依据《董事会议事规则》等法规开展工作,出席董事会和股东大会,勤勉尽责地履行职责和义务。

公司监事会设监事3名,其中设置职工代表监事1名,人数和人员构成符合法律、法规和公司章程的规定与要求。监事会会议的召集、召开程序,完全按照《监事会议事规则》的要求,并按照拟定的会议议程进行。公司监事能够认真履行自己的职责。

公司已发行股份44 000 000股,每股面值1元,总股本44 000 000元。2016年12月31日股本结构见表1-1:

表1-1 优卡股份有限公司股本结构

项 目	持股数量(股)	持股比例
有限售条件股份	28 600 000	65%
其中:科大山海公司法人股	13 200 000	30%
境内自然人持股	15 400 000	35%
无限售条件股份	15 400 000	35%
股份总数	44 000 000	100%

(二)公司管理人员及账户信息

董事长:王大伟	总经理:黄化强
主管会计工作负责人:万宇航	会计机构负责人:黄华
总账报表核算:刘莉	财产物资核算:王华
复核:前程	出纳:田丽
往来款项核算:马丽	公司地址:泰安市高新区南天街50号
开户行:中国农业银行高新区支行	账号:9559900776666888888

第二章 会计核算模拟实验基础知识

第一节 原始凭证的填制与审核

原始凭证是由经手人在交易或事项发生或完成时,用以记载交易或事项的发生或完成情况的书面证明。

一、原始凭证的基本内容

在会计实务工作中,记录交易或事项内容的原始凭证多种多样,每种原始凭证的名称、格式和具体内容不完全一样。但各种原始凭证都必须具备以下基本内容:

(1) 原始凭证的名称;
(2) 填制原始凭证的日期;
(3) 接受原始凭证的单位名称;
(4) 交易或事项的内容(数量、单价和金额等);
(5) 填制单位签章;
(6) 有关人员签章;
(7) 凭证附件。

二、原始凭证的填制

(一)原始凭证的填制的基本要求

(1) 记录要真实。原始凭证所填列的交易或事项的内容和数字,必须真实可靠。

(2) 内容要完整。原始凭证所要求填列的项目必须逐项填列齐全,不得遗漏和省略。

(3) 手续要完备。原始凭证应该履行的手续必须完备,有关人员的签章必须齐全。单位自制的原始凭证必须有经办单位领导人或者其他指定的人员签名盖章;对外开出的原始凭证必须加盖本单位公章;从外部取得的原始凭证,必须盖有填制单位的公章;从个人取得的原始凭证,必须有填制人员的签名盖章。

(4) 书写要清楚、规范。原始凭证要按规定填写,文字要简要,字迹要清楚,易于辨认,做到不草、不乱、不"造",不得使用未经国务院公布的简化汉字。大小写金额必须相符且填写规范,复写的凭证,要不串行,不串格,不模糊。金额和货币符号要按下列要求书写:

① 阿拉伯数字应当一个一个地写,不要连笔写,阿拉伯金额数字前面应当书写货币币种符号或者货币名称简写。币种符号与阿拉伯金额数字之间不得留有空白。凡阿拉伯数字前写有币种符号的,数字后面不再写货币单位。

② 所有以元为单位(其他货币种类为货币基本单位,下同)的阿拉伯数字,除表示单价等情况外,一律填写到角分;无角分的,角位和分位可写"00",或者加符号"—";有角无分的,分位应当写"0",不得用符号"—"代替。

③ 汉字大写数字金额如零、壹、贰、叁、肆、伍、陆、柒、捌、玖、拾、佰、仟、万、亿等,一律用正楷或者行书体书写,不得用〇、一、二、三、四、五、六、七、八、九、十等字代替,不得任意自造简化字。大写金额数字有分的,分字后面不写"整"或者"正"字。

④ 大写金额数字前未印有货币名称的,应当加填货币名称,货币名称与金额数字之间不得留有空白。

⑤ 阿拉伯金额数字中间有"0"时,汉字大写金额要写"零"字;阿拉伯数字金额中间连续有几个"0"时,汉字大写金额中可以只写一个"零"字;阿拉伯金额数字元位是"0",或者数字中间连续有几个"0"、元位也是"0",但角位不是"0"时,汉字大写金额可以只写一个"零"字,也可以不写"零"字。

(5) 编号要连续。原始凭证要顺序或分类编号。如果原始凭证已预先印定编号,在填制时应按照编号顺序使用。若不慎写坏作废时,应在作废的凭证上加盖"作废"戳记,连同存根一起妥善保管,不得撕毁。

(6) 不得涂改、刮擦、挖补。原始凭证所记载的各项内容均不得涂改、刮擦、挖补,涂改、刮擦、挖补的原始凭证即为无效凭证,不能作为填制记账凭证和登记会计账簿的依据。原始凭证有错误的,应当由出具单位重开或更正,更正处应当加盖出据单位印章;原始凭证金额有错误的,应当由出具单位重开,不得在原始凭证上更正。这是因为原始凭证上的金额,是反映交易或事项情况的最重要数据,如果允许随意更改,容易产生弊端,不利于保证原始凭证的质量。

(7) 填制要及时。各种原始凭证一定要在交易、事项发生或完成时及时填制,并按规定的程序及时送交会计机构、会计人员进行审核,做到不积压、不误时、不事后补填。

(二) 原始凭证填制的附加要求

(1) 填有大写和小写金额的原始凭证,大写与小写的金额必须相符。

(2) 职工公出借款的借据,必须附在记账凭证之后。收回借款时,应当另开收据或者退还借据的副本,不得退还原借据正联。

(3) 购买实物的原始凭证,必须有验收证明。实物购入后,要按照规定办理验收手续,由仓库保管人员或使用人员在凭证上签名或者盖章,以明确经济责任,避免物资短缺和流失。

(4) 发生销货退回时,必须填制退货发票,并附有退货验收证明;退回货款时,必须取得对方单位的收款收据或者汇款银行的结算凭证,不得以退货发票代替收据。

(5) 一式多联的原始凭证,必须注明各联的用途,并且只能以一联用作报销凭证,填制时应用双面复写纸套写或本身具备复写功能,要连续编号。

(三) 原始凭证的填制方法

原始凭证一般应由交易或事项经办人员将原始凭证中的各个项目按规定方法填列齐全。根据原始凭证填制的依据,其填制的方法有以下三种:

(1) 以实际发生的交易或事项为依据直接填制。

(2) 以账簿记录为依据归类整理计算填制。例如,计提固定资产折旧时填制的"固定资产折旧计算表",是根据固定资产明细分类账簿的记录计算填制的;计算产品制造成本分配制造费用时填制的"制造费用分配表",是根据制造费用明细账的记录计算填制的,等等。

（3）汇总原始凭证是以若干张反映同类交易或事项的原始凭证为依据加以汇总填制的。例如,"发料凭证汇总表"就是根据一定时期的领料单等发料凭证,先按发出材料的用途,再按材料类别分别归类计算填制的。

三、原始凭证的审核

（一）原始凭证的审核内容

原始凭证只有经过指定的会计人员审核无误后,才能作为编制记账凭证和记账的依据。为了正确地反映和监督各项经济业务,确保会计资料真实、正确和合法,必须对原始凭证进行严格认真的审核。原始凭证审核的主要内容有以下几个方面:

（1）真实性审核。包括日期是否真实、业务内容是否真实、数据是否真实清晰、文字是否工整、书写是否规范、凭证联次是否正确、有无刮擦、涂改和挖补等。

（2）合法性审核。经济业务是否符合国家有关政策、法规、制度的规定,是否有违法乱纪等行为。

（3）合理性审核。原始凭证所记录经济业务是否符合企业生产经营活动的需要、是否符合有关的计划和预算等。

（4）完整性审核。原始凭证的内容是否齐全,包括有无漏记项目、日期是否完整、有关签章是否齐全等。

（二）原始凭证的审核方法

1. 原始凭证基本内容审核

根据《会计基础工作规范》规定,进行其基本内容的完备性检查,即审核凭证的名称,凭证填制日期和编号,接受单位名称,经济业务内容,数量、单价和金额,填制凭证单位名称及经办人的签名并盖章等。

2. 原始凭证抬头审核

原始凭证"抬头",即接收单位名称。审核凭证上的"抬头"是否与本单位名称相符,有无添加、涂改的现象。

3. 原始凭证号码、开票日期、报销日期以及联次审核

审核同一单位出具的凭证,其号码与日期是否矛盾。例如,某公司开出的 39667 号发票的日期是 2016 年 10 月,而同本中 39558 号发票的开具日期则为 2016 年 9 月,说明该原始凭证存在舞弊行为。另外,要审核凭证开具的日期与报销日期是否异常、原始凭证联次是否正确、有无重复报销现象。

4. 原始凭证数字审核

主要审核数量乘单价是否等于金额,分项金额相加是否等于合计数,小写金额是否等于大写金额,阿拉伯数字是否涂改。

5. 原始凭证阴阳票审核

对于多联式发票中取得背面无复写笔迹的发票即为"阴阳票"。"阴阳票"多是虚假交易

所致,是原始凭证审核的重点。

6. 原始凭证限额审核

税务部门为加强票证管理,有些发票规定最高限额。但是开票人却在发票上超限额开票,对此类发票视为违规违纪发票处理。

7. 原始凭证印章审核

印章,是指具有法律效力和特定用途的"公章",即能够证明单位身份和性质的印鉴,包括业务公章、财务专用章、发票专用章、结算专用章等。印章审核主要是检查印章是否符合规定,有无印章模糊、不清晰,专用章张冠李戴或者无印章情况。

8. 原始凭证字迹审核

对于金额大、支出业务不正常,酷似报销人员自己填写的支出发票,必须仔细审核。

9. 原始凭证业务量审核

根据本单位的规模、经济活动的规律、历时记录、会计结算等特点,审核发票涉及业务量的真实性。

10. 原始凭证开支标准审核

根据现行有关财经法规、财务制度的规定,严格审查修理费、会议费、招待费、差旅费、电话费等各项费用是否合理,是否符合开支标准。

11. 原始凭证审批手续审核

支付款项的外来原始凭证,除经办人员必须签字或盖章外,还必须按本单位规定的审批程序、权限,由相应的负责人审批盖章。自制的原始凭证,也必须由经办单位的领导人或者由单位领导人指定的人员审批签章。对此,会计人员要重点审核领导审批签字是否有误,有无超越权限审批情况。

第二节 记账凭证的填制与审核

记账凭证的种类和格式虽然并不完全一样,但是它们的作用是相同的,都要对原始凭证进行归类、整理,并根据原始凭证所记录的交易或事项内容确定会计分录,作为登记账簿的直接依据。

一、收款凭证的基本规范

(一)依据真实

记账凭证应根据审核无误的原始凭证及有关资料填制,记账凭证可以根据每一张原始凭证填制,或根据若干张同类原始凭证汇总编制,也可以根据原始凭证汇总表填制,但不得将不同内容和类别的原始凭证汇总填制在一张记账凭证上。在确定记账凭证填制依据时,应注意以下几种情况:

(1)除结账和更正错误外,记账凭证必须附有原始凭证并如实填写所附原始凭证的张数。记账凭证所附原始凭证张数的计算一般应以原始凭证的自然张数为准。如果记账凭证中附有原始凭证汇总表，则应该把所附的原始凭证和原始凭证汇总表的张数一起计入附件的张数之内。

（2）一张原始凭证如果涉及几张记账凭证，可以将该原始凭证附在一张主要的记账凭证后面，在该主要记账凭证摘要栏注明"本凭证附件包括××号记账凭证业务"字样，并在其他记账凭证上注明该主要记账凭证的编号或者附上该原始凭证的复印件，以便复核查阅。

（3）如果一张原始凭证所列的支出需要由两个以上的单位共同负担，应当由保存该原始凭证的单位开给其他应负担单位原始凭证分割单，原始凭证分割单必须具备原始凭证的基本内容，并可作为填制记账凭证的依据，计算在所附原始凭证张数之内。

（二）内容完整

记账凭证各项内容必须完整，要按照记账凭证上所列项目逐一填写清楚，有关人员（收、付款记账凭证上包括会计主管、记账、复核、出纳和制证人员，转账凭证上包括会计主管、记账、复核和制证人员）的签名或盖章要齐全，不可缺漏。

（三）正确应用记账凭证

在使用专用记账凭证的情况下，库存现金或银行存款的收、付业务，应使用收款凭证或付款凭证；不涉及现金和银行存款收付的业务，则使用转账凭证；只涉及现金与银行存款之间收入或付出的业务，如将现金送存银行，或者从银行提取现金，应以付款业务为主，只填制付款凭证，不填制收款凭证，以免重复记账。

在一笔交易或事项中，如果既涉及现金或银行存款收、付，又涉及转账业务，则应分别填制收款或付款凭证和转账凭证。例如，单位职工出差归来报销差旅费并交回剩余现金时，就应根据有关原始凭证按实际报销的金额填制一张转账凭证，同时按收回的现金数额填制一张收款凭证。

（四）日期正确

记账凭证的填制日期，一般应填写填制记账凭证当天的日期，不能提前或拖后。但是在实际工作中要根据具体的情况来填写。涉及银行存款的收付时，一般根据银行的进账凭单或回执填写收款凭证；根据银行付款单据的日期或承付日期填写付款凭证。出差人员报销差旅费时，应填写报销当日的日数；现金收付时应根据实际收付日期填写。

（五）连续编号

为了分清会计事项处理的先后顺序，记账凭证应按月连续编号，即每月都从1号编起，按自然数1，2，3，4，5，…顺序编至月末，不得跳号、重号。记账凭证编号应分别按现金和银行存款收入业务、现金和银行存款付出业务、转账业务三类进行编号，这样记账凭证的编号应分为收字第×号、付字第×号、转字第×号。

一笔交易或事项需要填制两张或两张以上记账凭证的，可以采用分数编号法进行编号，如第4号记账凭证的会计事项要填写3张记账凭证，则记账凭证的编号如图2-1所示。

$$4\frac{1}{3}\quad \begin{array}{l}\text{表示该项业务的第几张凭证}\\\text{表示该业务需要的凭证张数}\\\text{表示该凭证总顺序号}\end{array}\quad ,\ 4\frac{2}{3},\ 4\frac{3}{3}$$

图2-1　两张或两张以上记账凭证的编号

（六）摘要简明

记账凭证的摘要填写要简明、扼要。具体应注意：收付款凭证的摘要应写明收付款对象的名称、款项内容，如使用转账支票付款的，还应写明支票号码。购入材料等交易或事项的摘要应写明供货单位名称和所购材料的主要品种、数量等内容。对于冲销或补充的调整业务，在填写内容摘要时，应当写明被冲销或者补充记账凭证的编号及日期。

（七）分录正确

第一，会计科目填写要完整，不许简写或用科目编号代替；第二，应写明一级会计科目和明细会计科目，以便登记明细分类账及总分类账；第三，注意会计科目的对应关系。

（八）金额数字正确

填制记账凭证金额数字时，具体要注意以下几点：第一，记账凭证的金额必须与原始凭证上的金额一致。第二，在填写金额数字时，应平行对准借贷栏次和科目栏次；如果角位与分位没有数字，金额要写"00"字样。第三，每笔经济业务填入金额数字后，要在记账凭证的合计栏填写合计金额，合计金额数字前应填写人民币符号"￥"；如果不是合计数，则不应填写人民币符号。

（九）空行注销

填制记账凭证时，应按行次逐行填写，不得跳行或留有空行。记账凭证填制完交易或事项后，如有空行，应当在金额栏自最后一笔金额数字下的空行处至合计数上的空行处划斜线或"S"形线注销。

（十）填错改正

填制记账凭证时如果发生错误，应当重新填制。已经登记入账的记账凭证在当年内发现错误的，如果是使用的会计科目或记账方向有错误，可以用红字金额填制一张与原错误凭证内容相同的记账凭证，在摘要栏注明"注销某月某日某号凭证"字样，同时再用蓝字重新填制一张正确的记账凭证，在摘要栏注明"订正某月某日某号凭证"字样；如果会计科目和记账方向都没有错误，只是金额错误，可以按正确数字与错误数字之间的差额，另编一张调整的记账凭证，调增金额用蓝数字，调减金额用红数字。发现以前年度的记账凭证有错误时，应当用蓝字填制一张更正的记账凭证。

实行会计电算化的单位，其机制记账凭证应当符合对记账凭证的一般要求，打印出来的机制记账凭证上，要加盖制单人员、审核人员、记账人员和会计主管人员印章或者签字，以明确责任。

二、记账凭证的填制方法

（一）收款凭证的填制方法

收款凭证是用来记录现金、银行存款增加交易或事项的凭证。它是由出纳人员根据审核无误的原始凭证收款后填制的。在收款凭证左上方所填列的借方科目，应是"库存现金"或"银行存款"科目。在凭证内所反映的贷方科目，应填列与"库存现金"或"银行存款"相对应的科目。金额栏填列交易或事项实际发生的数额，在凭证的右侧填写附原始凭证张数，并在出纳及制单处签名或盖章。收款凭证,如图 2-2 所示。

收 款 凭 证

借方科目:银行存款(库存现金)　　　2016 年 12 月 1 日　　　　　　　　　收字第 1 号

摘　要	贷方科目		记账	金　额															附件1张
	总账科目	明细科目		总账科目							明细科目								
				十	万	仟	佰	十	元	角	分	十	万	仟	佰	十	元	角	分
收回前欠货款	应收账款		√		5	0	0	0	0	0	0								
		泰山公司	√										5	0	0	0	0	0	0
合　计			√	¥	5	0	0	0	0	0	0								

　会计主管:王锋　　　记账:刘英　　　出纳:丁艳　　　复核:李娜　　　制证:侯兵

图 2-2　收款凭证

（二）付款凭证的填制方法

付款凭证是用来记录现金、银行存款减少交易或事项的凭证。它是由出纳人员根据审核无误的原始凭证付款后填制的。在付款凭证左上方所填列的贷方科目,应是"库存现金"或"银行存款"科目。在凭证内所反映的借方科目,应填列与"库存现金"或"银行存款"相对应的科目。金额栏填列交易或事项实际发生的数额,在凭证的右侧填写所附原始凭证的张数。并在出纳及制单处签名或盖章。

注:现金与银行存款之间的划转业务只编制付款凭证,如从银行提取现金只编制银行存款付款凭证,以避免重复记账。付款凭证,如图 2-3 所示。

付 款 凭 证

贷方科目:银行存款(库存现金)　　　2016 年 12 月 1 日　　　　　　　　　付字第 1 号

摘　要	借方科目		记账	金　额															附件1张
	总账科目	明细科目		总账科目							明细科目								
				十	万	仟	佰	十	元	角	分	十	万	仟	佰	十	元	角	分
收回前欠货款	应收账款		√		5	0	0	0	0	0	0								
		泰山公司	√										5	0	0	0	0	0	0
合　计			√	¥	5	0	0	0	0	0	0								

　会计主管:王锋　　　记账:刘英　　　出纳:丁艳　　　复核:李娜　　　制证:侯兵

图 2-3　付款凭证

（三）转账凭证的填制方法

转账凭证是用以记录与库存现金、银行存款增减无关的转账业务的凭证。它是由会计人员根据审核无误的转账业务原始凭证填制的。在借贷记账法下,将交易或事项所涉及的会计科目全部填列在凭证内,借方科目在先,贷方科目在后,将各会计科目所记应借应贷的金额填列在"借方金额"或"贷方金额"栏内。借、贷方金额合计应该相等。制单人应在填制凭证后签名盖章,并在凭证的右侧填写所附原始凭证的张数。转账凭证,如图2-4所示。

转 账 凭 证

2016 年 7 月 6 日　　　　　　　　　　　　　　　　　　　转字第 1 号

摘　　要	总账科目	明细科目	记账	借方金额										贷方金额									
				千	百	十	万	千	百	十	元	角	分	千	百	十	万	千	百	十	元	角	分
产品完工入库	库存商品		√		1	1	1	8	4	0	0	0	0										
		A 产品	√		1	1	1	8	4	0	0	0	0										
	生产成本		√												1	1	1	8	4	0	0	0	0
		A 产品	√												1	1	1	8	4	0	0	0	0
合　　计				¥	1	1	1	8	4	0	0	0	0	¥	1	1	1	8	4	0	0	0	0

附件 1 张

会计主管:王锋　　　　记账:刘英　　　　复核:李娜　　　　制证:侯兵

图 2-4　转账凭证

三、记账凭证的审核

记账凭证是登记账簿的直接依据,收、付款凭证还是出纳人员收、付款项的依据。为了保证账簿记录的正确性和对交易或事项进行监督,应在会计部门建立专人审核制度。记账凭证审核的内容主要有以下几个方面。

(一)真实性审核

真实性审核就是要审核记账凭证是否附有原始凭证及有关资料,原始凭证是否齐全,记账凭证中填明的所附原始凭证张数与所附原始凭证张数是否相符,金额是否一致,记账凭证的交易或事项内容与所附原始凭证的交易或事项内容是否一致。

(二)技术性审核

技术性审核就是要审核记账凭证中所使用的会计科目是否正确。

(三)完整性审核

完整性审核就是要审核记账凭证中所列项目的填列是否齐全,有关人员是否已签章。出纳人员在办理收款或付款业务后,应在凭证上加盖"收讫"或"付讫"的戳记,以避免重收重付。

第三节　会计凭证的装订与保管

一、会计凭证的装订

（一）会计凭证的装订要求

（1）会计凭证装订之前，要检查每张记账凭证所附原始凭证的张数是否齐全，并且要对附件进行必要的外形加工。

（2）装订之前要检查记账凭证是否分月按自然数 1，2，3，4，…顺序连续编号，是否有跳号或重号现象。

（3）所有会计凭证每册都要用较结实的牛皮纸加具封面，并在封面上注明会计单位名称、会计凭证名称；此外，封面上还要填写凭证所反映的交易或事项发生的年、月份，凭证的起止号码，本扎凭证为几分之几册或本月几册，本册是第几册。

（二）会计凭证的装订方法

将科目汇总表附在会计凭证封面之下、会计凭证之前，磕迭整齐，用铁夹夹紧，用装订机打眼后用线绳装订好，然后加具封面。注意在进行会计凭证装订时，要特别注意装订线眼处较大原始凭证的折叠方法，防止装订以后不能翻开。具体装订方法按如下步骤进行：

（1）将凭证封面和封底裁开，分别附在凭证前面和后面，再拿一张质地相同的纸，放在封面上面，做护角之用。磕迭整齐，用两个铁夹分别夹住凭证的上侧和左侧。

（2）用铅笔在凭证的左上角画一个边长为 5 厘米的分角线，将直角分成两个 45 度角，见图 2-5。

（3）在分角线的适当位置上选两个点打孔作为装订线眼，见图 2-6 所示。这两孔的位置可在距左上角的顶端 2～4 厘米的范围内确定。

（4）用缝毛衣针引线绳沿虚线方向穿绕两孔若干次，并在凭证背面打结，见图 2-7。

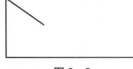　　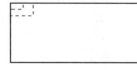

图 2-5　　　　　　　图 2-6　　　　　　　图 2-7

（5）将放在最上方的牛皮纸裁成一条宽 6 厘米左右的包角纸条，先从记账凭证的背面折叠纸条粘贴成如图 2-8 所示形状。

（6）从正面折叠纸条，粘贴成如图 2-9 所示形状。

（7）将正面未粘叠的包角纸条向后折叠，裁去一个三角形，与背后的包角纸条重叠、粘牢。包角后的记账凭证如图 2-10 所示。

（8）待晾干后，在凭证本的侧脊上面写上"某年某月第几册共几册"的字样。装订人在装订线封签处签名或者盖章。

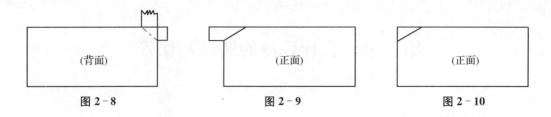

（背面）	（正面）	（正面）
图 2 - 8	图 2 - 9	图 2 - 10

二、会计凭证的保管

会计凭证应按《会计档案管理办法》规定的期限保管,原始凭证、记账凭证和汇总凭证应保存15年。保存期满需要销毁时,必须开列清单按照规定手续报经批准,报经批准后方可销毁。期满前,任何单位和个人都不能任意销毁会计凭证。

第四节　账簿的启用、登记、错账更正、更换与保管

一、会计账簿的启用

启用会计账簿,应在账簿封面写明单位名称和账簿名称,填好账簿扉页的启用表和账户目录。

启用表的基本内容包括:

(1) 启用日起。

(2) 账簿使用页数。

(3) 记账人员和会计机构负责人、会计主管人员姓名,并加盖姓名章和单位公章。

(4) 记账人员或者会计机构负责人、会计主管人员调动工作时,应当注明交接日期、接办人员和监交人员姓名,并由交接双方人员签名或者盖章。

启用订本式账簿应当按顺序编订的页数使用,不得跳页、缺号。使用活页式账页,应当按账户顺序编号,并需定期装订成册。年度终了再按实际使用的账页顺序编定页码,另加账户目录,记明每个账户的名称和页次。

二、账簿登记

（一）账簿登记的规则

(1) 为了保证账簿记录的正确性,必须根据审核无误的会计凭证,及时、完整地登记各种账簿。为了防止被重记、漏记和便于查阅,记账时应将记账凭证的种类、号数记入账簿,同时在记账凭证上注明账簿页数或作"√"记号,表示已经登记入账。

(2) 记账时必须使用钢笔或蓝黑墨水书写,不能使用铅笔或圆珠笔。红色墨水只限于结账划线、改错或冲账时使用。

(3) 账簿中摘要文字应简明扼要,数字和文字要书写整齐、规范,且要在其上面留有适

当空距,不要写满格,一般应占格高的二分之一,数字用阿拉伯数字书写。

（4）各种账簿按页次顺序连续登记,不得跳行、隔页,如果发生跳行、隔页,应将空行、空页划线注销,或注明"此行空白",或"此页空白"字样,并由记账人员签名或盖章,见图2-11、图2-12所示。

总分类账

会计科目:原材料　　　　　　　　　　　　　　　　　　　　　　　空行的处理

2016年		凭证号	摘　要	借　方	贷　方	借或贷	余　额
月	日						
7	1		月初余额			借	120 000
	6	银付3	购入	20 000		〃	140 000
			此行空白　张清				
	10	转5	领用		5 000	〃	135 000

图 2-11

总分类账

会计科目:原材料　　　　　　　　　　　　　　　　　　　　　　　空页的处理

2016年		凭证号	摘　要	借　方	贷　方	借或贷	余　额
月	日						
			此页空白　张清				

图 2-12

（5）凡需结出余额的账户,结出余额后,应在"借或贷"栏内写明"借"或"贷"字样。没有余额的账户,应在"借或贷"栏内写"平"字,并在余额栏元位用"0"表示。日记账必须每日结出余额。

（6）每一账页登记完毕结转下页时,应当结出本页发生额合计数及余额,写在本页最后一行和下页第一行有关栏内,并在摘要栏注明"过次页"和"承前页"字样,见图2-13、图2-14。

会计科目:生产成本

摘　要	借　方									贷　方							
	百	十	万	千	百	十	元	角	分	千	百	十	万	千	百	十	元
领用材料					1	0	0	0	0								
分配人工费					6	0	0	0									
分配制造费用					4	0	0	0									
过次页					2	0	0	0	0	结出发生额合计							

图 2-13

会计科目:生产成本

摘　要	借 方									贷 方							
	百	十	万	千	百	十	元	角	分	千	百	十	万	千	百	十	元
承前页					2	0	0	0	0								

图 2-14

(7) 会计人员应当按照规定,定期结账。

(8) 注意正确的改错方法,严禁刮、擦、挖、补或使用消字药水更改。

(9) 实行会计电算化的单位,总账和明细账应当定期打印。

(二)账簿登记的方法

1. 总分类账的登记

总分类账的登记根据单位所采用的会计核算形式不同采用不同的登记方式。采用记账凭证核算形式的单位(见图 2-15),直接根据记账凭证定期(三天、五天或者十天)逐笔登记;采用科目汇总表核算形式的单位(见图 2-16),可以根据定期汇总编制的科目汇总表定期登记总账,月终结账时,可只结计月末余额,不结发生额,但年终结账时,应结计本年累计发生额和年末余额。

总分类账

会计科目:原材料

2016年		凭证号数	摘　要	借 方	贷 方	借或贷	余 额
月	日						
7	1		月初余额			借	120 000
	6	银付3	购入	20 000		〃	140 000
			(略)				

图 2-15

总分类账

会计科目:原材料

2016年		凭证号数	摘　要	借 方	贷 方	借或贷	余 额
月	日						
7	1		月初余额			借	120 000
	10	科汇1	1-10日汇总	60 000	60 000	借	100 000

图 2-16

2. 日记账的登记

(1) 库存现金日记账的登记。库存现金日记账是由出纳人员根据审核无误的有关收款凭证、付款凭证,序时逐日逐笔地登记,做到日清月结。每日业务终了应分别计算出库存现金收入和支出合计数,并结出账面余额。将账面余额数与库存现金实有数相核对,检查每日库存现金收、支、存的情况,做到日结日清,见图 2-17。

库存现金日记账

2016 年		凭证号	摘　要	对应账户	收　入	付　出	结　余
月	日						
7	1		月初余额				500
	6	银付 2	提现	银行存款	16 000		16 500
	10	现付 8	购办公用品	管理费用		10 000	6 500
			（略）				

图 2 - 17

（2）银行存款日记账的登记。银行存款日记账是由出纳人员根据银行存款的收款和付款凭证序时逐日逐笔登记,银行存款日记账借方栏一般根据银行存款收款凭证登记,贷方栏一般根据银行存款付款凭证登记。但对于现金存入银行的业务,规定只填制现金付款凭证,不再填制收款凭证,所以,应根据现金付款凭证登记银行存款日记账的借方栏。每日终了结出该账户全日的银行存款收入、支出合计数和余额,并定期与银行对账单对账,见图 2 - 18。

银行存款日记账

2016 年		凭证号	摘　要	对应账户	结算凭证	收　入	付　出	结　余
月	日							
7	1		月初余额					80 000
	6	银付 2	提现	银行存款	题支 56	16 000		64 000
	7	银收 6	收回贷款	应收账款	转支 89	30 000		94 000
	10	银付 9	还借款	短期借款	转支 93		40 000	54 000
			（略）					

图 2 - 18

3. 明细分类账的登记

明细分类账,是指按照明细分类账户进行分类登记的账簿,是根据单位开展经济管理的需要,对经济业务的详细内容进行的核算,是对总分类账进行的补充反映。明细分类账是按照明细科目开设的用来分类登记某一类经济业务,提供明细核算资料的分类账户。它是对总分类账所提供的总括核算资料的必要补充,同时也是编制会计报表的依据。

各种明细分类账是由主管会计人员（主管会计人员按岗位可划分为财产物资岗主管会计、往来款项岗主管会计、成本费用主管会计等）,要根据原始凭证、原始凭证汇总表和记账凭证进行登记,可以每天登记,也可以定期（三天或者五天）登记。但债权债务明细账和财产物资明细账应当每天登记,以便随时与对方单位结算,核对库存余额。其主要格式如下:

（1）三栏式明细账。适用于那些只需要进行金额核算的债权债务、资本基金类账户进行明细核算,如应收账款、应付账款、其他应收款、应交税费、实收资本等账户的明细核算,见图 2 - 19。

明细分类账

会计科目:其他应收款——刘强   单位:元

2016年		凭证号	摘 要	借 方	贷 方	借或贷	余 额
月	日						
7	1		月初余额			借	400
	6	转7	报销差旅费		350	〃	50
	6	现收5	李新交回现金		50	平	0

图 2 - 19

（2）**多栏式明细账**。它不是按明细科目分设账页，而是根据交易或事项的特点和经营管理的需要，在一张账页内设若干专栏，记录某一总账账户所属各明细账户的内容。它主要适应于费用、成本、收入类账户的明细核算，如管理费用、制造费用、生产成本、主营业务收入等账户，见图 2-19、图 2-20。

制造费用明细账
（只按借方发生额设置专栏的多栏式）

> ★平时发生额按设置的专栏登记(增加额)

2016年		凭证号	摘 要	借			方		合 计
月	日			工 资	福利费	折旧费	办公费	…	
7	1		月初余额	3 000	420	2 800	200		6 420
	5	转5	分配工资	5 500					
	5	转6	提取福利费		770				
	15	转7	购办公用品				300		
	31	转33	提取折旧			3 200			
	31	转34	分配	8 500	1 190	6 000	500		16 190

> ★月末分配制造费用时(减少数)用红字登记

图 2 - 19

主营业务收入明细账
（只按贷方发生额设置专栏的多栏式）

> 按明细账户核算的具体内容设置多个专栏

2016年		凭证号	摘 要	项		目			合 计
月	日			A产品	B产品	C产品	D产品	…	
7	1	银收1	销售A产品	30 000					30 000
	8	转8	销售B产品		50 000	★平时按增加发			80 000
	31	转15	B产品退货		3 000	生额设置专栏			77 000
	31	转16	结转发生额	30 000	47 000	登记			77 000

> ★退货、月末结转收入发生额时(减少数)用红字登记

图 2 - 20

（3）**数量金额式明细账**。其主要适用于既需要反映金额，又需要反映数量的财产物资类账户进行明细核算，如原材料、库存商品、自制半成品等账户的明细核算，见图 2-21。

原材料明细分类账

会计科目:原料及主要材料　　　　　　　　　　　　　　　　　　　计量单位:元/千克

材料名称:G材料　　　　　　　　　　　　　　　　　　　　　　　　最高储备:6 000

材料规格:5 cm　　　　　　　　　　　　　　　　　　　　　　　　最低储备:5 000

2016年		凭证号	摘　要	借　方			贷　方			借或贷	余　额		
月	日			数量	单价	金额	数量	单价	金额		数量	单价	金额
7	1		月初余额							借	500	2	1 000
	6	转4	车间领用				100	2	200	〃	400	2	800
	10	转5	购入	1 000	2	2 000				〃	1 400	2	2 800
	12	转7	车间领用				500	2	1 000	〃	900	2	1 800
			(略)										

图 2-21

(4) 横线登记式明细账。其主要特点是每笔业务的借方(或贷方)与其相应的贷方(或借方)必须在同一行内登记,用于记录某每项交易或事项从发生到结束的相关内容。因此,这种明细账主要适用于"材料采购"和某些应收应付款项账户的明细核算。该种格式的明细账可以用三栏式明细账替代,单位并非必须设置。

三、错账更正

(一)本期会计差错

本期发现的与本期相关的会计差错,应调整本期相关项目。会计差错应采用划线更正法、红字更正法或补充更正法进行更正,不许任意涂改、挖、补、刮、擦及用修改液更正。

1. 划线更正法

划线更正法是在结账前发现,只在记账凭证或账簿记录的错误文字、数字上划线更正的方法。

登记账簿时发现账簿记录错误,应当将错误的文字或者数字划线注销,但必须使原有字迹仍可辨认;然后在划线上方填写正确的文字或者数字,并由会计人员和会计机构负责人在更正处盖章。对于错误的数字,应当全部划线更正,不得只更正其中的错误数字。例如,把"579"误写成"779"时,应将错误数字"779"全部用红线注销并写上正确的数字,即579,而不能只删改一个"7"字。对于文字错误,则可只修改错误部分。

2. 红字更正法

红字更正法是利用红字将不对的数据全部冲销或差额冲销的更正方法。红字更正法一般适应于以下两种情况:

(1) 记账以后,发现记账凭证中应借应贷方向、账户或金额有错误时,可采用红字更正法更正。更正时应用红字填写一份与原用记账相同的红字记账凭证,以冲销原来的记录(全部冲销),然后用蓝字重新填制一份正确的记账凭证,一并登记入账。

(2) 在记账以后,如发现记账凭证和账簿记录的金额有错误,所记金额大于应记金额,而原记账凭证中应借、应贷账户并无错误,这时可采用红字更正法,将多记的金额(即正确数与错误数之间的差额)用红字填写一张记账凭证,用以冲销多记金额,并据以入账(差额冲销)。

【例2-1】 产品完工入库20 000元。

该笔业务本应借记"库存商品"账户,但在编制记账凭证时,却误借写为"原材料"账户,并已过账。其会计分录:

借:原材料   20 000
 贷:生产成本   20 000

发现上述错误,更正时,应先填制一张与原记账凭证内容完全相同的红字凭证,并据此过账。其会计分录:

借:原材料   20 000
 贷:生产成本   20 000

然后再按正常程序编制一张正确的记账凭证,并登记入账:

借:库存商品   20 000
 贷:生产成本   20 000

【例2-2】 上例若是凭证金额误写为30 000元,并已编制下列会计分录,且已经登记入账。

借:库存商品   30 000
 贷:生产成本   30 000

该分录借贷方向和会计科目正确,只是金额多记10 000元,这时只需填制一张与原记账凭证相同,金额为10 000元的红字凭证入账即可,其会计分录:

其会计分录:

借:库存商品   10 000
 贷:生产成本   10 000

3. 补充登记法

记账以后,如果发现记账凭证上应借、应贷的会计科目并无错误,但所填金额小于应填金额,可采用补充登记法更正,即再填一张补充少记金额的记账凭证,并将其补记入账。

【例2-3】 某企业产品完工入库20 000元,会计人员将金额误写成2 000元,并已填制记账凭证入账:

借:库存商品   2 000
 贷:生产成本   2 000

更正时,只需填制一张与原记账凭证相同,金额为18 000元的蓝字记账凭证,并据以登记入账:

借:库存商品   18 000
 贷:生产成本   18 000

(二)前期非重大会计差错

本期发现的与前期相关的非重大会计差错,如影响损益,应直接计入本期净损益,其他相关项目也应作为本期数一并调整;如不影响损益,应调整本期相关项目。

(三)前期重大会计差错

本期发现的与前期相关的重大会计差错,如影响损益,应将其对损益的影响数调整当期的期初留存收益,会计报表其他相关项目的期初数也应一并调;如不影响损益,应调整会计报表相关项目的期初数。

(四)账簿更换与保管

1. 账簿更换

总分类账、日记账和大部分明细分类账均需每年更换一次,只有少部分明细分类账,如固定资产明细账,不必每年更换,可以继续使用。各种账簿在年度终了结账时,各个账户的年终余额都需转入新年度启用的有关新账。新旧账有关账户之间转登余额时,应根据总账、明细账余额表编制记账凭证登记。

2. 账簿保管

账簿与会计凭证一样,都是重要的会计档案,因而都应按照规定妥善保管。正在使用的账簿应由经管账簿的有关人员负责保管,保证其安全、完整。对年度终了的旧账,会计机构可保管1年,期满后应装订成册或封扎,加上封面后统一编号,交档案室统一由专人保管。总账、明细账、辅助账应保管15年,现金日记账和银行存款日记账应保管25年,固定资产卡片在固定资产报废清理后应保管5年。保管期满以后,按照规定的审批程序报经批准以后,才能销毁。

第五节　对账与结账

一、对账

(一)对账规范

对账,是指核对账目。为了保证账簿记录的真实、正确、可靠,对账簿和账户所记录的有关数据加以检查和核对就是对账工作。应坚持对账制度,通过对账工作,检查账簿记录内容是否完整,有无错记或漏记,总分类账与明细分类账数字是否相等,以做到账证相符、账账相符、账实相符。

(二)对账内容

1. 账证核对

账证核对,是根据各种账簿记录与记账凭证及其所附的原始凭证进行核对。核对会计账簿记录与原始凭证、记账凭证的时间、凭证字号、内容、金额是否一致,记账方向是否相符。

2. 账账核对

账账核对,是指对各种账簿之间的有关数字进行核对。核对不同会计账簿记录是否相符,包括总账有关账户的余额核对;总账与明细账核对;总账与日记账核对;会计部门的财产物资明细账与财产物资保管和使用部门的有关明细账核对等。

3. 账实核对

账实核对,是指各种财产物资的账面余额与实存数额相互核对。核对会计账簿记录与财产等实有数额是否相符,包括现金日记账账面余额与现金实际库存数核对;银行存款日记账账面余额与银行对账单核对;各种材物明细账账面余额与材物实存数额核对;各种应收、应付款明细账账面余额与有关债务、债权单位或者个人核对等。

二、结账

结账,是指把一定时期内应记入账簿的经济业务全部登记入账后,计算记录本期发生额及期末余额,并将余额结转下期或新的账簿。

(一)月结

结账时,应当根据不同的账户记录,分别采用不同的方法。

1. 债权债务、财产物资明细账的结账规范

各项应收、应付款明细账和各项财产物资明细账,每次记账以后,都要随时结出余额,每月最后一笔余额即为月末余额。月末结账时,只需要在最后一笔交易或事项记录之下通栏划红单线,以将本期与下期的记录明显分开,见图 2 - 22。

明细分类账

会计科目:其他应收款——刘强　　　　　　　　　　　　单位:元

2016年		凭证号	摘　要	借 方	贷 方	借或贷	余　额
月	日						
7	1		月初余额			借	400
	6	转7	报销差旅费		350	〃	50
	31	现收5	李新交回现金		50	平	0

图 2 - 22

2. 日记账和各项收入、费用明细账的结账规范

现金、银行存款日记账和需要按月结计发生额的收入、费用等明细账,每月结账时,要在最后一笔交易或事项记录下面通栏划红单线,结出本月发生额和余额,在摘要栏内注明"本月合计"字样,在下面再通栏划红单线,见图 2 - 23、图 2 - 24。

库存现金日记账

2016年		凭证号	摘　要	对应账户	收　入	付　出	借或贷	结　余
月	日							
7	1		月初余额				借	500
	6	银付2	提现	银行存款	16 000			
	6	现付8	购办公用品	管理费用		10 000		
	6		本日合计		16 000	10 000	借	6 500
	7	银付15	提现	银行存款	32 000		借	38 500
			(略)				借	
	31		本月合计		78 000	30 000	借	48 000

图 2 - 23

生产成本明细账

产品名称:A产品   单位:元

2016年		凭证		摘 要	成本项目			
月	日	种类	号数		直接材料	直接人工	制造费用	合计
7	1			月初余额	4 000	3 000	1 000	8 000
	2	转	1	生产A产品用料	20 000			20 000
	31	转	2	生产工人薪酬		6 500		6 500
	31	转	3	分配本月电费	1 500			1 500
	31	转	4	分配本月制造费用			2 000	2 000
				……				
				……				
	31			本月发生额	21 500	6 500	2 000	30 000
	31	转	29	结转完工产品成本	25 500	9 500	3 000	38 000
	31			月末余额	0	0	0	0

图 2 - 24

3. 总账的结账规范

总账户平时只需结出月末余额,见图 2 - 25。

总分类账

会计科目:原材料

2016年		凭证号	摘 要	借 方	贷 方	借或贷	余 额
月	日						
7	1		月初余额			借	120 000
	10	科汇1	1—10日汇总	60 000	80 000	借	100 000
			……				
			……				
	31		本月合计			借	70 000

图 2 - 25

(二) 季结

通常在每季度的最后一个月月结的下一行,在"摘要"栏内注明"本季合计"或"本季度发生额及余额",同时结出借、贷方发生总额及季末余额。然后,在这一行下面划一条通栏单红线,表示季结的结束,见图 2 - 26。

总分类账

会计科目:原材料

2016年		凭证号	摘　要	借　方	贷　方	借或贷	余　额
月	日						
1	1		上年结转			借	12 500
			…………				
1	31		本月合计	10 000	7 000	〃	15 500
2	1		期初余额			借	15 500
			…………				
2	28		本月合计	30 000	28 000	〃	17 500
			…………				
			…………				
3	31		本月合计	40 000	54 000	〃	3 500
3	31		本季合计	80 000	89 000	借	3 500

图 2 - 26

(三)年结

在第四季度季结的下一行,在"摘要"栏注明"本年合计"或"本年发生额及余额",同时结出借、贷方发生额及期末余额。然后,在这一行下面划上通栏双红线,以示封账,见图 2 - 27。

总分类账

会计科目:原材料

2016年		凭证号	摘　要	借　方	贷　方	借或贷	余　额
月	日						
1	1		上年结转			借	12 500
			…………				
1	31		本月合计	40 000	36 000	借	16 500
2	28		本月合计	80 000	89 000	〃	7 500
3	31		本月合计	90 000	83 500	〃	14 000
3	31		本季合计	210 000	208 500	借	14 000
6	30		本季合计	210 000	210 000	借	14 000
9	30		本季合计	75 000	89 000	平	0
10	31		本月合计	30 000	25 000	借	5 000
11	30		本月合计	30 000	32 000	〃	3 000
12	31		本月合计	27 000	25 000	借	5 000
12	31		本季合计	87 000	82 000	〃	5 000
12	31		本年合计	332 000	339 500	借	5 000

图 2 - 27

第六节 报表编制

一、财务报告的要求

(一)财务报告的质量要求

企业应当按照《企业财务会计报告条例》的规定,编制和对外提供真实、完整的财务报告。

财务报告的真实性,是指企业财务报告要真实地反映交易或事项的实际发生情况,不能人为地扭曲,以使企业财务报告使用者通过企业财务报告了解有关单位实际的财务状况、经营成果和现金流量。

财务报告的完整性,是指提供的企业财务报告要符合规定的格式和内容,不得漏报或者任意取舍,以使企业财务报告使用者全面地了解有关单位的整体情况。

(二)财务报告的形式要求

企业对外提供的财务报告应当依次编定页数,加具封面,装订成册,加盖公章。封面上应当注明:企业名称、企业统一代码、组织形式、地址、报表所属年度或者月份、报出日期,并由企业负责人和主管会计工作的负责人、会计机构负责人签名并盖章;设置总会计师的企业,还应当由总会计师签名并盖章。

(三)财务报告的时间要求

月度财务报告应当于月度终了后6天内(节假日顺延,下同)对外提供;季度财务报告应当于季度终了后15天内对外提供;半年度财务报告应当于年度中期结束后60天内(相当于两个连续的月份)对外提供;年度财务报告应当于年度终了后4个月内对外提供。

(四)财务报告的编制要求

为了实现财务会计报告的编制目的,最大限度地满足财务会计报告使用者的信息需求,单位编制的财务会计报告应当真实可靠、全面完整、编报及时、便于理解,符合国家统一的会计制度和会计准则的有关规定。

1. 真实可靠

要使会计信息有用,首先它必须真实可靠。如果财务会计报告所提供的会计信息不可靠,就会对使用者产生误导,从而导致使用者产生损失。为此,单位应当以实际发生的交易或者事项为依据进行确认、计量,将符合会计要素定义及其确认条件的资产、负债、所有者权益、收入、费用和利润等如实反映在财务报表中,不得根据虚构的、没有发生的或者尚未发生的交易或者事项进行确认、计量和报告,也不得故意歪曲经济业务的实质,扭曲财务报告所反映的事实。

2. 全面完整

单位应当按照有关规定编报财务会计报告,不得漏编漏报,更不得有意隐瞒,力求保证相关信息全面、完整,充分披露。

3. 编报及时

单位对于已经发生的交易或者事项,应当及时进行确认、计量和报告,以提高信息的时效性,帮助财务报告使用者及时决策。为了保证编报及时,单位平时就应按照规定的时间做好记账、算账和对账工作,做到日清月结,按照规定的期限编制完成财务报告并对外报出,不得延迟,但也不能为赶编报告而提前结账。

4. 便于理解

单位提供的会计信息应当清晰明了,便于财务会计报告使用者理解和使用。对于某些复杂的信息,如交易本身较为复杂或者会计处理较为复杂,但与使用者决策相关的,还应当在财务会计报告中予以充分说明。

二、财务报告的编制

(一) 资产负债表的编制

1. 资产负债表中的"年初数"的编制

表中"年初数"栏内各项目数字,应根据上年年末资产负债表"期末数"栏内所列数字填列。

2. 资产负债表中的"期末数"的编制

资产负债表各项目"期末数"栏内的数字,应根据资产、负债、所有者权益各有关账户的期末余额来填列,具体来讲,可通过以下几种方式取得:

(1) 根据总账余额直接填列。资产负债表中的多数项目均可直接根据有关总分类账户的期末余额填列。如"应收股利""短期借款"等项目。

(2) 根据总账的期末余额计算填列。资产负债表某些项目需要根据有关总分类账户的期末余额计算填列。如"货币资金""存货""未分配利润"等项目。

(3) 根据明细账余额计算分析填列。资产负债表某些项目需要根据有关总分类账户所属的相关明细分类账户的期末余额计算填列。如"应收账款""预收账款""应付账款""预付账款"项目。

(4) 根据总账和明细账余额分析计算填列。资产负债表某些项目需要根据总分类账户和相关明细分类账户的期末余额分析计算填列。如"长期借款"项目,应根据"长期借款"总账期末余额,扣除"长期借款"总账所属明细账中反映的将于 1 年内到期的长期借款部分,分析计算填列。

(二) 利润表的编制

利润表反映企业在一定期间内利润(或亏损)的实现情况,报告企业的经营成果。利润表中的"本期金额"栏反映各项目的本期实际发生数,在编报中期财务会计报告时,填列上年同期累计实际发生数,在编报年度财务会计报告时,填列上年全年累计实际发生数,并将"本期金额"栏改成"上期金额"栏。如果上年度利润表的项目名称和内容与本年度利润表不相一致,应对上年度报表项目的名称和数字按本年度的规定进行调整,并按调整后数字填入报表"上期金额"栏。

1. 利润表中各项目的内容及其填列方法

利润表中的各项目,主要根据各损益类账户的发生额填列。

(1) 利润表反映企业在一定期间内利润(或亏损)的实现情况。

(2) 利润表各项目均需填列"本期金额"和"上期金额"两栏。其中,"上期金额"栏内各项数字,应根据上年该期利润表的"本期金额"栏内所有数字填列。如果上年度利润表规定的各个项目的名称和内容同本年度不相一致,应对上年度利润表各项目的名称和数字按本年度的规定进行调整,填入本表"上期金额"栏内。

(3) 利润表"本期金额"栏内各项数字一般应当反映以下内容:

① "营业收入""营业成本"项目。

"营业收入"项目反映企业经营主要业务和其他业务所确认的收入总额。本项目应根据"主营业务收入"和"其他业务收入"账户的贷方发生额扣除借方发生额后的净额计算填列;

"营业成本"项目反映企业经营主要业务和其他业务发生的实际成本总额。本项目应根据"主营业务成本"和"其他业务成本"账户的借方发生额扣除贷方发生额后的净额计算填列。

② "营业税金及附加"项目。

"营业税金及附加"项目反映企业经营业务应负担的营业税、消费税、城市维护建设税、资源税、土地增值税和教育费附加等。

③ "销售费用""管理费用""财务费用"项目。

"销售费用"项目反映企业在销售商品过程中发生的包装费、广告费等费用和为销售本企业商品而专设的销售机构的职工薪酬、业务费等经营费用。

"管理费用"项目反映企业为组织和管理生产经营发生的管理费用。

"财务费用"项目反映企业筹集生产经营所需资金等而发生的筹资费用。

企业发生勘探费用的,应在"管理费用"和"财务费用"项目之间,增设"勘探费用"项目反映。

④ "资产减值损失"项目。

"资产减值损失"项目反映企业各项资产发生的减值损失。

⑤ "公允价值变动净收益"项目。

"公允价值变动净收益"项目反映企业按照相关准则规定应当计入当期损益的资产或负债公允价值变动净收益,如交易性金融资产当期公允价值的变动额。如为净损失,以"-"号填列。

⑥ "投资净收益"项目。

"投资净收益"项目反映企业以各种方式对外投资所取得的收益。如为净损失,以"-"号填列。企业持有的交易性金融资产处置和出售时,处置收益部分应当自"公允价值变动损益"项目转出,列入本项目。

⑦ "营业外收入""营业外支出"项目。

"营业外收入""营业外支出"项目反映企业发生的与其经营活动无直接关系的各项利得和损失。其中,处置非流动资产净损失,应当单独列示。

⑧"利润总额"项目。

"利润总额"项目反映企业实现的利润总额。如为亏损总额,以"－"号填列。

⑨"所得税费用"项目。

"所得税费用"项目反映企业根据所得税准则确认的应从当期利润总额中扣除的所得税费用。

⑩"基本每股收益"和"稀释每股收益"项目。

"基本每股收益"和"稀释每股收益"项目,应当根据《企业会计准则第 34 号——每股收益》的规定计算的金额填列。《企业会计准则第 34 号——每股收益》及其应用指南规定:企业应当按照归属于普通股股东的当期净利润,除以发行在外普通股的加权平均数计算基本每股收益。

2. 结转利润的要求与方法

第一,月末将各收入账户的贷方余额从借方转入到"本年利润"账户的贷方。

第二,月末将各费用账户的借方余额从贷方转入到"本年利润"账户的借方。

第三,年末:"利润分配"账户的贷方有余额,则转入"利润分配——未分配利润"账户的贷方;若为借方余额,则转入该明细账户的借方。

第四,年末:"利润分配"账户其他明细账户的余额也应转入"未分配利润"明细账户内。

3. 计算交纳所得税的要求与方法

(1) 当期所得税。

$$当期所得税 = 当期应交所得税 = 应纳税所得额 \times 所得税税率$$

(2) 递延所得税。

应予确认的递延所得税资产和负债扣除原已确认的部分。即:

$$递延所得税 = 当期递延所得税负债的增加 - 当期递延所得税负债的减少 + 当期递延所得税资产的减少 - 当期递延所得税资产的增加$$

(3) 所得税费用。

$$所得税费用 = 当期所得税 + 递延所得税$$

(三) 现金流量表的编制

现金流量表,是指反映企业在一定会计期间现金和现金等价物流入和流出的报表。现金,是指企业库存现金以及可以随时用于支付的存款。现金等价物,是指企业持有的期限短、流动性强、易于转换为已知金额现金、价值变动风险很小的投资。

现金流量表是一份显示于指定时期(一般为一个月、一个季度,主要是一年的年报)的现金流入和流出的财务报告。现金流量分为三类,即经营活动产生的现金流量、投资活动产生的现金流量、筹资活动产生的现金流量。

1. 经营活动产生的现金流量

(1) 销售商品、提供劳务收到的现金。

销售商品、提供劳务收到的现金=主营业务收入+其他业务收入+应交税金(应交增值税—销项税额)+(应收账款期初数—应收账款期末数)+(应收票据期初数—应收票据期末数）＋（预收账款期末数－预收账款期初数）－当期计提的坏账准备－支付的应收票据贴现利息－库存商品改变用途应支付的销项税款＋（一）特殊调整事项特殊调整事项的处理（不含三个账户内部转账业务）

如果借：应收账款、应收票据、预收账款等，贷方不是"收入及销项税额"，则加上；如果贷：应收账款、应收票据、预收账款等，借方不是"现金类"科目，则减去。注意：与收回坏账无关、客户用商品抵债的进项税额不在此反映。

（2）收到的税费返还。

收到的税费返还 ＝ 返还的（增值税＋消费费＋营业税＋关税＋所得税＋教育费附加）等

（3）收到的其他与经营活动有关的现金。

收到的其他与经营活动有关的现金 ＝ 除上述经营活动以外的其他经营活动有关的现金

（4）购买商品、接受劳务支付的现金。

购买商品、接受劳务支付的现金＝［主营业务成本（或其他支出支出）＋存货期末价值－存货期初价值］＋应交税金（应交增值税销项税额－进项税额）＋（应付账款期初数－应付账款期末数）＋（应付票据期初数－应付票据期末数）＋（预付账款期末数－预付账款期初数）＋库存商品改变用途价值（如工程领用）＋库存商品盘亏损失－当期列入生产成本、制造费用的工资及福利费－当期列入生产成本、制造费用的折旧费和摊销的大修理费－库存商品增加额中包含的分配进入的制造费用、生产工人工资＋（一）特殊调整事项特殊调整事项的处理。

如果借：应付账款、应付票据、预付账款等（存贷类），贷方不是"现金类"科目，则减去；如果贷：应付账款数、应付票据、预付账款等，借方不是"销售成本或进项税"科目，则加上。

（5）支付给职工及为职工支付的现金。

$$支付给职工及为职工支付的现金 ＝ 生产成本、制造费用、管理费用的工资，福利费 ＋ \left(\begin{array}{c}应付工资\\期初数\end{array} － 期末数\right) ＋ \left(\begin{array}{c}应付福利\\费期初数\end{array} － 期末数\right)$$

附：当存在"在建工程"人员的工资、福利费时，注意期初、期末及计提数中是否包含"在建工程"的情况，按下式计算考虑计算关系：

$$\begin{array}{c}本期支付给职工及\\为职工支付的工资\end{array} ＝ \left(\begin{array}{c}期初\\总额\end{array}－\begin{array}{c}包含的在建\\工程期初数\end{array}\right) ＋ \left(\begin{array}{c}计提\\总额\end{array}－\begin{array}{c}包含的在建\\工程计提数\end{array}\right) － \left(\begin{array}{c}期末\\总额\end{array}－\begin{array}{c}包含的在建\\工程期末数\end{array}\right)$$

当题目只给出本期列入生产成本的工资及福利，期初无在建工程的工资及福利时：

本期支付给职工及为职工支付的工资＝生产成本、制造费用、管理费用的工资、福利费＋（应付工资、应福利费期初数－期末数）－（应付工资及福利费在建工程期初数－应付工资及福利费中在建工程期末数）

（6）支付的各项税费。

支付的各项税费（不包括耕地占用税及退回的增值税所得税）＝所得税＋主营业务税金及附加＋应交税金（增值税－已交税金）＋消费费＋营业税＋关税＋土地增值税＋房产税＋

车船使用税＋印花税＋教育费附加＋矿产资源补偿费

（7）支付的其他与经营活动有关的现金。

支付的其他与经营活动有关的现金 ＝ 剔除各项因素后的费用＋罚款支出＋保险费等

2. 投资活动产生的现金流量

（1）收回投资所收到的现金。

收回投资所收到的现金（不包括长期债权投资收回的利息）＝短期投资收回本金及收益（出售、到期收回）＋长期股权投资收回本金及收益（出售、到期收回）＋长期债权投资收到的本金

（2）取得投资收益收到的现金。

取得投资收益收到的现金 ＝ 长期股权投资及长期债券投资收到的现金股利及利息

（3）处置固定资产、无形资产和其他长期资产收到的现金。

处置固定资产、无形资产和其他长期资产收到的现金 ＝ 收到的现金－相关费用的净额

相关费用的净额，包括灾害造成固定资产及长期资产损失收到的保险赔偿；如为负数，在支付的其他与投资活动有关的现金项目反映。

（4）收到的其他与投资活动有关的现金。

收到的其他与投资活动有关的现金＝收到购买股票和债券时支付的已宣告但尚未领取的股利和已到付息期但尚未领取的债券利息及上述投资活动项目以外其他与投资活动有关的现金流入

（5）购建固定资产、无形资产和其他长期资产支付的现金。

购建固定资产、无形资产和其他长期资产支付的现金＝按实际办理该项事项支付的现金（不包括固定资产借款利息资本化及融资租赁租赁费，其在筹资活动中反映）

（6）投资所支付的现金。

投资所支付的现金＝本期（短期股票投资＋短期债券投资＋长期股权投资＋长期债券投资）及手续费、佣金

（7）支付的其他与投资活动有关的现金。

支付的其他与投资活动有关的现金＝购买时已宣告而尚未领取的现金股利＋购买时已到付息期但尚未领取的债券利息及其他与投资活动有关的现金流出

3. 筹资活动产生的现金流量

（1）吸收投资所收到的现金。

吸收投资所收到的现金 ＝ 发行股票债券收到的现金－支付的佣金等发行费用

如果单独支付给了审计、咨询部门费用，则该部分单独支付的费用应计入"支付其他与筹资活动有关的现金"项目中反映。

（2）借款所收到的现金。

借款所收到的现金 ＝ 短期借款收到的现金＋长期借款收到的现金

（3）收到的其他与筹资活动有关的现金。

$$收到的其他与筹资活动\atop有关的现金 = {除上述各项筹资活动以外的其他\atop 与筹资活动相关的现(如现金捐赠)}$$

（4）偿还债务所支付的现金。

偿还债务所支付的现金 ＝ 偿还借款本金＋债券本金

（5）分配股利、利润或偿付利息所支付的现金。

分配股利、利润或偿付利息所支付的现金＝支付（现金股利＋利润＋借款利息＋债券利息）

（6）支付其他与筹资活动有关现金。

$$支付其他与筹资活动\atop 有关的现金 = {除上述筹资活动支付的现金以外的与筹资活动有\atop 关的现金流出(如捐赠现金支出、融资租赁租赁费)}$$

4. 现金流量表附表项目说明

将净利润调增为经营活动现金流量时，本质是剔除影响利润不影响现金收支的因素，如减值准备，剔除非经营活动的损益变动因素，如固定资产处置或报废损益，考虑不影响利润但是影响现金收支的经营活动因素，如存货变动、应收和应付变动等。

（1）影响损益但不影响现金收支的业务：当期计提的减值损失（扣除转回的）计入了当期损益，减少当期净利，故作为调增项目。

又如固定资产折旧、无形资产摊销等，进入期间费用的降低了净利，但是没有现金收支发生，而且属于经营环节的，故作为调增项目；而进入制造费用的部分，如果销售了专为成本应该作为调增项目，转入期末存货的导致存货增加在存货调节时扣除了，本处也就要一并作为调增项目处理。

（2）影响损益但是不属于经营环节的业务：固定资产报废/处置净损益、公允价值变动损益、投资收益、不属于经营环节的财务费用等，这部分要逆向调整。

（3）与损益无关但影响经营现金变动的业务：通常指的是经营性应收、应付以及存货、递延所得税资产和负债的变动。这些项目变动表面与损益无关，但是潜在分析中，还是相关的。以存货为例，不考虑减值的期末存款额减去期初存货额的差额，增加的作为净利润调减项，而减少的作为净利润调增项，即：

经营性资产的减少＝资产的变现即经营现金流量的增加，调增；反之，是资产的买入，现金流出，作为调减项。

经营性负债的增多＝借款的增加即经营现金流量的增加，调增；反之，是借款的偿还，现金流出，作为调减项。

第三章 会计核算实验准备

第一节 实验目的

会计学专业作为一个应用性比较强的专业,培养社会需要的高级创新应用型会计人才是社会经济发展的必然要求,是高等教育发展的重要选择,而加强会计专业实践性教学则是培养高级应用型会计人才的必要手段。

(1)通过会计综合核算实验,进一步理解和掌握财务会计、成本会计等课程相关理论知识和会计核算方法;熟练掌握从事会计工作的基本技能。

(2)通过会计综合核算实验,让学生感受会计人员的实际工作环境和工作作风,进一步提高学生综合处理会计实务的能力,提高学生的综合素质。

(3)通过会计综合核算实验,培养学生综合运用所学的会计理论知识,分析和解决会计领域实际问题的能力。

(4)通过会计综合核算实验,进一步深化和扩展所学的财务会计和成本会计的理论知识和会计核算方法,培养学生分析问题、解决问题的能力、实践应用能力和创新能力。

第二节 实验准备

一、实验分组

(一)配备实验指导老师

配备专职或兼职实验指导老师,组织和指导实验全过程,并根据学生完成实验的质量和工作量进行评分。

(二)分组实验

依据仿真公司会计岗位设置情况,进行分组实验,以增强学生对实际会计岗位的认识。一般情况下,每组9人为宜,分工如下:

(1)会计主管:负责会计全面工作,制定公司内部财务制度并贯彻执行;编制财务计划、财务预算并负责实施;进行财务分析,参与企业经营决策。

(2)出纳:负责审核有关现金、银行存款等的有关原始凭证,编制收付款记账凭证,登记现金、银行存款日记账。

（3）材料(存货)核算：审核收料单、领料单、库存商品出入库单，并编制相关记账凭证，登记材料、库存商品等相关明细账。

（4）往来结算：负责应收及预付款项的明细核算；定期核对应收及预付款项，年终计提坏账准备。

（5）长期资产核算：负责固定资产、无形资产等长期资产增减交易或事项的会计处理，编制固定资产折旧、无形资产摊销计提表，编制有关记账凭证，登记固定资产、无形资产等长期资产明细账。

（6）薪酬核算：计算、编制工资薪酬结算汇总表、工资薪酬费用分配表、工资薪酬附加费计提表、编制各种社会保险及公积金计提表，编制记账凭证并登记相关明细账。

（7）借款、所有者权益：办理借款、还款手续，计算、支付借款利息，编制相关记账凭证并登记相关明细账；负责所有者权益相关交易或事项的核算。

（8）纳税报税(兼期间费用)：负责纳税申报、税款缴纳及其会计核算；期间费用相关原始凭证的审核，并编制相关记账凭证，登记期间费用相关明细账。

（9）总账(兼复核、报表)：对有关交易或事项进行复核，编制科目汇总表，登记总账；负责报表的编制。

实验结束，应填写小组成员分工及工作量明细表，以便明确责任，进行考核评价。实验结束后，指导老师应组织学生进行经验交流，了解学生对会计核算工作的熟悉程度，发现存在的问题，以便有针对性地指导学生的实验。

二、实验材料准备

（一）账页

（1）总分类账；	（2）现金日记账；	（3）银行存款日记账；
（4）三栏式明细账；	（5）数量金额式明细账；	（6）多栏式明细账；
（7）材料采购明细账；	（8）应交税费——应交增值税明细账。	

（二）会计凭证

（1）收款凭证；	（2）付款凭证；	（3）转账凭证；
（4）凭证封面；	（5）科目汇总表；	（6）凭证粘贴纸。

（三）其他

（1）胶水；	（2）直尺；	（3）小刀；
（4）大票夹、小票夹；	（5）装订机等。	

第三节 会计制度有关规定和说明

（1）公司库存现金限额为 50 000 元。

（2）坏账损失采用备抵法，计提坏账准备采用应收账款余额百分比法，年末按应收账款余额的3‰计提。

（3）原料及主要材料日常收发核算按计划成本计价，材料收入逐笔结转，收入材料按实际材料成本差异入账，材料发出月末一次结转。

① 发出 G 材料按上月材料成本差异率 2% 计算，逐笔结转成本及材料成本差异。

② G 料外的原材料月末编制材料消耗汇总表结转消耗材料的计划成本，材料成本差异按当月材料成本差异率计算结转，当月材料成本差异率月末计算并转出核算。

（4）周转材料按实际成本核算，发出周转材料采用先进先出法结转成本，并采用一次摊销法核算。库存商品按实际成本核算。

（5）销售产品成本的结转，月末按照全月一次加权平均法计算。

（6）固定资产的折旧均采用平均年限法。

（7）无形资产的摊销均采用年限平均法。

（8）公司主营产品有锚护机具、仪表。成本计算采用品种法，月末在产品成本采用约当产量法计算，投料程度与完工程度一致。

（9）公司为增值税一般纳税人，适用增值税税率为 17%。

（10）城市维护建设（税率为 7%）和教育费附加（税率为 3%）分别按实际缴纳的流转税（包括增值税、营业税、消费税）之和计缴。

（11）公司产品生产过程中，材料投料采用逐步投料方式，投料程度与完工进度一致。

（12）公司有一个基本生产车间和一个辅助生产车间，辅助生产车间为基本生产车间和管理部门提供生产、管理服务。

第四节　会计核算实验程序

（1）开设现金日记账、银行存款日记账、总账及明细分类账并登记有关账户的期初余额；

（2）根据交易或事项审核和传递原始凭证；

（3）根据审核无误的原始凭证填制记账凭证；

（4）审核记账凭证并逐日逐笔登记日记账和明细分类账；

（5）根据记账凭证定期（每旬）编制科目汇总表、登记总账；

（6）对账，包括账证核对、账账核对和账实核对；

（7）结账，以月结为主；

（8）编制财务报告；

（9）装订记账凭证，整理实验资料。

第四章　建　账

第一节　建账步骤

新建单位和原有单位在年度开始时,会计人员均应根据核算工作的需要设置应用账簿,即平常所说的"建账"。

建账的基本步骤是:

第一步:按照需用的各种账簿的格式要求,预备各种账页,并将活页的账页用账夹装订成册。

第二步:在账簿的"启用表"上,写明单位名称、账簿名称、册数、编号、起止页数、启用日期,以及记账人员和会计主管人员姓名,并加盖名章和单位公章。记账人员或会计主管人员在本年度调动工作时,应注明交接日期、接办人员和监交人员姓名,并由交接双方签名或盖章,以明确经济责任。

第三步:按照会计科目表的顺序、名称,在总账账页上建立总账账户;并根据总账账户明细核算的要求,在各个所属明细账户上建立二级、三级……明细账户。原有单位在年度开始建立各级账户的同时,应将上年账户余额结转过来。

第四步:启用订本式账簿,应从第一页起到最后一页止顺序编定号码,不得跳页、缺号;使用活页式账簿,应按账户顺序编本户页次号码。各账户编列号码后,应填"账户目录",将账户名称页次登入目录内,并粘贴索引纸(账户标签),写明账户名称,以利检索。

第二节　建账的原则

一、依法建账原则

各单位必须按照《中华人民共和国会计法》和国家统一会计制度的规定设置会计账簿,包括总账、明细账、日记账和其他辅助性账簿,不允许不建账,不允许在法定的会计账簿之外另外建账。

二、全面系统原则

设置的账簿要能全面、系统地反映企业的经济活动,为企业经营管理提供所需的会计核算资料,同时要符合各单位生产经营规模和经济业务的特点,使设置的账簿能够反映企业经济活动的全貌。

三、组织控制原则

设置的账簿要有利于账簿的组织、建账人员的分工,有利于加强岗位责任制和内部控制制度,有利于财产物资的管理,便于账实核对,以保证企业各项财产物资的安全完整和有效使用。

四、科学合理原则

建账应根据不同账簿的作用和特点,使账簿结构做到严密、科学,有关账簿之间要有统驭或平行制约的关系,以保证账簿资料的真实、正确和完整;账簿格式的设计及选择应力求简明、实用,以提高会计信息处理和利用的效率。

第三节　建账方法

建账应按照会计制度规定,根据企业具体行业要求,确定账簿种类、格式、内容及登记方法。按照规定需要设置的会计账簿有:总账、明细账、日记账等,按照会计要素的具体项目填写账户名称,根据会计资料将期初余额填入各账簿。

一、总分类账

总账一般采用"订本式账簿",账页采用三栏式。总分类账是根据"一级会计科目"开设的,用以提供资产、负债、所有者权益、费用、收入和利润等的总括的核算资料,其建账如图4-1所示。

总分类账

会计科目:原材料

2016年		凭证号	摘　　要	借　方	贷　方	借或贷	余　额
月	日						
7	1		月初余额			借	120 000

图4-1

二、明细分类账

明细分类账一般采用"活页式"账页,其明细账开设通常根据总账科目所属的明细科目设置的。明细分类账主要有:三栏式、数量金额式和多栏式等明细账。

（一）三栏式明细账

三栏式明细账是指采用借方、贷方和余额三栏金额式账页的明细分类账,它适用于需要反映金额核算的会计账户,如反映应收账款、应付账款、其他应收款、其他应付款、应付职工薪酬、在建工程、短期借款、长期借款、预收账款、预付账款、主营业务税金及附加、实收资本、资本公积、本年利润、利润分配、所得税等账户的详细情况的明细分类账,其建账如图4-2所示。

明细分类账

会计科目:其他应收款项——刘强 　　　　　　　　　　　　　单位:元

2016年		凭证号	摘　　要	借 方	贷 方	借或贷	余　额
月	日						
7	1		月初余额			借	400

图 4 - 2

(二) 数量金额式明细账

数量金额式明细账是指采用数量和金额双重记录的账簿。这种账簿的借方、贷方和余额三个栏目内,都分设数量、单价和金额三小栏,一般适用于既要进行金额核算又要进行实物数量核算的各项财产物资,如原材料、库存商品等,其建账如图 4 - 3 所示。

原材料明细分类账

会计科目:原料及主要材料 　　　　　　　　　　　　计量单位:元/千克
材料名称:G 材料 　　　　　　　　　　　　　　　　最高储备:6 000
材料规格:5 cm 　　　　　　　　　　　　　　　　　最低储备:5 000

2016年		凭证号	摘　要	借　方			贷　方			借或贷	余　额		
月	日			数量	单价	金额	数量	单价	金额		数量	单价	金额
7	1		月初余额							借	500	2	1 000

图 4 - 3

(三) 多栏式明细账

多栏式明细账是根据经济业务的特点和经营管理的需要,在一张账页内按有关明细科目或明细项目分设若干专栏,用以在同一张账页集中反映各有关明细科目或明细项目的核算资料。多栏式明细账适用于那些要求对金额进行分析的有关费用成本、收入成果类科目的明细分类核算,如对"主营业务收入""管理费用""销售费用""生产成本"等总账科目的明细核算,可采用多栏式,其建账如图 4 - 4 所示。

生产成本明细账

产品名称:A 产品 　　　　　　　　　　　　　　　　　　单位:元

2016年		凭证		摘　　要	成本项目			
月	日	种类	号数		直接材料	直接人工	制造费用	合　　计
7	1			月初余额	4 000	3 000	1 000	8 000

图 4 - 4

(四) 日记账

日记账亦称序时账簿,是按照经济业务的发生或完成时间的先后顺序逐日逐笔登记的账簿。设置日记账的目的是为了将经济业务按时间顺序清晰地反映在账簿记录中。日记账日记账主要有库存现金日记账和银行存款日记账。其建账如图 4 - 5 所示。

库存现金日记账

2016年		凭证号	摘　　要	对应账户	收　　入	付　　出	结　　余
月	日						
7	1		月初余额				500

图 4 - 5

第四节 建账资料

（1）2016 年 12 月初账户余额表，见表 4-1；

（2）2016 年 12 月初库存原材料结存表，见表 4-2；

（3）2016 年 12 月初库存周转材料结存表，见表 4-3；

（4）2016 年 12 月初库存商品结存表，见表 4-4；

（5）2016 年 12 月初生产成本明细账，见表 4-5。

表 4-1 2016 年 12 月初账户余额表

总账账户	二级账户	明细账户	借方余额	贷方余额
库存现金			**50 000**	
银行存款			**7 430 000**	
其他货币资金			**131 000**	
	银行汇票存款		130 000	
	存出投资款		1 000	
应收票据			**1 018 000**	
	肥城矿业公司		734 000	
	北京机械厂		50 000	
	广东矿业公司		234 000	
应收账款			**1 193 000**	
	广东矿业公司		834 000	
	义蚂矿业公司		359 000	
预付账款			**4 300 000**	
	莱芜钢铁公司		4 300 000	
其他应收款			**300 600**	
	王涛		8 000	
	田诚		5 000	
	保险费		117 000	
	住房公积金		170 600	
原材料			**2 966 000**	
		甲材料	1 650 000	
		乙材料	46 000	
		丙材料	50 000	
		丁材料	250 000	
		G 材料	170 000	
		电气元件	800 000	
周转材料			**169 000**	
		工作服	84 000	
		量具	85 000	
材料成本差异			**59 320**	
		甲材料	33 000	
		乙材料	920	
		丙材料	1 000	

总账账户	二级账户	明细账户	借方余额	贷方余额
		丁材料	5 000	
		G 材料	3 400	
		电气元件	16 000	
库存商品			**3 865 000**	
	锚护机具		3 400 000	
	仪表		465 000	
生产成本			**1 854 600**	
	锚护机具		1 310 000	
	仪表		544 600	
交易性金融资产			**100 000**	
	中国国贸	成本	100 000	
可供出售金融资产			**15 000**	
	中科三环	成本	15 000	
持有至到期投资			**223 000**	
	16 航天债		98 000	
		成本	100 000	
		利息调整		2 000
	11 嘉城投		125 000	
		成本	100 000	
		应计利息	25 000	
长期股权投资			**26 000 000**	
	兖州矿业集团			
		投资成本	26 000 000	
固定资产			**9 000 000**	
		机器设备	3 400 000	
		房屋建筑物	4 000 000	
		车辆	1 600 000	
累计折旧				**100 000**
在建工程			**1 000 000**	
	公寓楼		1 000 000	
无形资产			**774 000**	
	仪表专利 A		600 000	
	仪表专利 B		54 000	
	仪表专利 C		120 000	
累计摊销				**57 000**
短期借款				**1 600 000**
	生产周转借款			1 600 000
应付账款				**968 000**
	济南钢铁公司			968 000
应付职工薪酬				**1 766 000**
	职工工资			1 706 000
	职工教育经费			60 000
应交税费				**1 049 400**
	未交增值税			954 000

总账账户	二级账户	明细账户	借方余额	贷方余额
	应交城市维护建设税			66 780
	应交教育费附加			28 620
长期借款				**5 400 000**
	工商银行			400 000
	农业银行			5 000 000
股本				**44 000 000**
资本公积				**815 120**
盈余公积				**1 600 000**
	法定盈余公积			1 600 000
本年利润				**2 093 000**
未分配利润				**1 000 000**
合　计			**60 448 520**	**60 450 520**

表 4－2　2016 年 12 月初库存原材料结存表

材料类别	计量单位	数量	计划单价	金额（元）
甲材料	吨	33	50 000	1 650 000
乙材料	吨	1	46 000	46 000
丙材料	吨	5	10 000	50 000
丁材料	件	50	5 000	250 000
G 材料	公斤	340	500	170 000
电气元件	件	400	2 000	800 000
合　计				2 966 000

表 4－3　2016 年 12 月初库存周转材料结存表

材料类别	计量单位	数量	实际单价	金额（元）
工作服	套	100	180	18000
		220	300	66 000
量具	件	17	5 000	85 000
合　计				169 000

表 4－4　2016 年 12 月初库存商品结存表

产品类别	计量单位	数量	实际单价	总金额（元）
锚护机具	套	10	340 000	3 400 000
仪表	台	3	155 000	465 000
合　计				3 865 000

表 4－5　2016 年 12 月初生产成本明细账

成本项目　　　产品	直接材料	直接人工	制造费用	合　计
锚护机具	904 000	192 000	214 000	1 310 000
仪表	303 600	114 000	127 000	544 600
合　计	1 207 600	306 000	341 000	1 854 600

第五章 会计核算模拟实验资料

第一节 实验要求

(1) 审核原始凭证,并依据审核无误的原始凭证编制记账凭证。

(2) 登记相应明细账、日记账。

(3) 编制科目汇总表,登记总账(按旬编制科目汇总表,然后登记总账)。

(4) 编制公司 12 月份的资产负债表、利润表。

(5) 依据实验平台给出的 2016 年 1—11 月份的资料,以及实验完成的 12 月份的资料,编制 2016 年的资产负债表、利润表和现金流量表。

(6) 相关规章制度,具体见第三章。

第二节 实验资料

(1) 2016 年 12 月 1 日,优卡股份有限公司申请办理 300 000 元的银行汇票,见表 5-1。

表 5-1

中国农业银行银行汇票申请书(存根)

2016 年 12 月 1 日 第 001 号

收款人	海诚股份有限公司		汇款人	优卡股份有限公司									
账号或住址	65599007776668889904		账号或住址	95599007776668888888									
兑付地点	山东泰安	兑付行	农行高新区支行	汇款用途		货款							
汇票金额	人民币(大写)叁拾万元整				百	十	万	千	百	十	元	角	分
					¥	3	0	0	0	0	0	0	0
备注	科　　目＿＿＿＿＿＿　　　　对方科目＿＿＿＿＿＿　　　　财务主管　　　　复核　　　　经办												

（2）2016 年 12 月 1 日，计划科王涛出差归来，报销差旅费 6 200 元，余款 1 800 元退回现金，见表 5-2、表 5-3。

表 5-2

优卡股份有限公司
差 旅 费 报 销 单

部门：计划科　　　　　　　　　　　2016 年 12 月 1 日

出发地			到达地			公出补助			车船飞机费	卧铺	住宿费	市内车费	邮电费	其他	合计金额
月	日	地点	月	日	地点	天数	标准	金额							
12	1	泰安	12	3	深圳	3	100	300	3 000		2 600	100	150	150	6 200.00
		合　　　计					300	3 000			2 500	100	150	150	6 200.00
合计人民币（大写）陆仟叁佰元整															
借款金额	8 000		退（补）金　额			1 800		退（补）方　式			现金支付			领导意见		同意

单位领导：黄化强　　　　　财务主管：黄华　　　　　公出人姓名：王涛　　　　　审核人：前程

附件 10 张

表 5-3

收　据

2016 年 12 月 1 日　　　　　　　　　　第 001 号

交款单位或姓名	王涛
款项内容	退回出差借款
金额　人民币（大写）壹仟捌佰元整	￥1 800.00

③记账联

收款单位公章　　　　　收款：田丽　　　　　交款：王涛

（3）2016 年 12 月 2 日，收到罚款 5 000 元，见表 5-4、表 5-5。

表 5-4

罚 款 通 知 单

公司各部门：

　　基本生产车间职工童诚因违规操作，给公司造成较大损失，对其罚款 5 000 元。以示警告。

基本生产车间办公室
2016 年 12 月 2 日

表 5－5

收　据

2016 年 12 月 2 日　　　　　　　　　　　第 002 号

交款单位或姓名	卜强	
款项内容	违规操作罚款	③记账联
金额	人民币(大写)伍仟元整　　　　　　　¥5 000.00	

收款单位公章　　　　　　　收款:田丽　　　　　　　交款:童诚

(4) 2016 年 12 月 2 日,收到广东矿业公司前欠货款 600 000 元,见表 5－6。

表 5－6

中国农业银行托收承付凭证(收账通知)4

第 1 号

委托日期 2016 年 11 月 29 日　　　　　　托收号码:3215

承付期限
到期 2016 年 12 月 2 日

收款人	全　称	优卡股份有限公司	付款人	全　称	广东矿业公司
	账　号	95599007766688888888		账　号	755990077766688899904
	开户银行	中国农业银行高新区支行		开户银行	中行东莞支行

委托金额	人民币(大写)陆拾万元整	千	百	十	万	千	百	十	元	角	分
				¥	6	0	0	0	0	0	0

款项内容	货款	委托收款凭证名称	销售发票	附寄单证张数	1
货物发运情况	已发运			合同号	12125

备注:	本托收款项已由付款人开户行全额划回并并收入你账户内。 (收款人开户银行盖章)2016 年 12 月 2 日	科目＿＿＿＿＿＿ 对方科目＿＿＿＿＿ 转账　　年　月　日 单位主管　会计　记账 复核

此联收付款人开户银行在款项收托后给收款单位的收账通知

（5）12月2日，销售锚护机具4套，产品已发运，当天办妥委托收款手续，相关资料见表5-7、表5-8、表5-9、表5-10。

表5-7

⑪中国农业银行托收承付凭证（回单）1

第2号

委托日期 2016 年 12 月 2 日 　　　　　托收号码：3216

	承付期限
	到期 2016 年 12 月 16 日

收款人	全　　称	优卡股份有限公司	付款人	全　　称	义蚂矿业公司
	账　　号	95590077666888888888		账　　号	855990077766688899908
	开户银行	中国农业银行高新区支行		开户银行	工商行义力市支行

委托金额	人民币（大写）贰佰叁拾肆万捌仟元整	千	百	十	万	千	百	十	元	角	分
		¥	2	3	4	8	0	0	0	0	0

款项内容	货款	委托收款凭证名称	销售发票	附寄单证张数	1

货物发运情况	已发运		合同号	12128

备注：

款项收妥日期

　　　　年　月　日

（收款人开户银行盖章）
中国农业银行股份有限公司
泰安高新区支行
2016 年 12 月 2 日
业务办讫章

此联收付款人开户银行给收款单位的回单

表5-8

商品出库单

编号：1001

2016 年 12 月 2 日 　　　　　产成品库：1

产品或物品名称	规　格	计量单位	数　量	单　价	金　额	备　注
锚护机具		套	4			出售
合　计			4			

记账：马丽　　　仓库保管员：王刚　　　复核：马翔　　　制单：王华

第二联 记账联

表 5－9

山东省增值税专用发票

开票日期：2016 年 12 月 2 日　　　　　　　　　　No 3173472

购货单位	名　　　称：义蚂矿业公司						密码区	（略）	
	纳税人登记号：954585069862329								
	地址、电话：义蚂市广州路 168 号								
	开户行及账号：工商行义蚂市支行 85599007776668899908								

商品或劳务名称	计量单位	数量	单价	金　　　额										税率%	税　　　额									
				千	百	十	万	千	百	十	元	角	分		千	百	十	万	千	百	十	元	角	分
锚护机具	套	4	500 000		2	0	0	0	0	0	0	0	0	17			3	4	0	0	0	0	0	0
合　　　计				¥	2	0	0	0	0	0	0	0	0	17	¥		3	4	0	0	0	0	0	0
价税合计（大写）	贰佰叁拾肆万元整												¥ 2 340 000.00											

销货单位	名　　　称：优卡股份有限公司	注
	纳税人登记号：3709000000000898	
	地址、电话：泰安市高新区南天街 50 号	
	开户银行及账号：中国农业银行高新区支行 955990077666888888888	

开票人：马强　　　收款人：田丽　　　复核：前程　　　　　　销货单位（章）

第一联　记账联

表 5－10

中国农业银行转账支票存根

支票号码　NO. 08872606

科　　目＿＿＿＿＿＿＿＿＿＿＿＿

对方科目＿＿＿＿＿＿＿＿＿＿＿＿

出票日期 2016 年 12 月 2 日

收款人：泰山火车站
金　额：¥ 8 000.00
用　途：代垫运费

单位主管：黄华　　　会计：马丽

(6) 2016 年 12 月 3 日,优卡股份有限公司标价 200 000 元的仪表,以 10% 的商业折扣销售给肥城矿业公司,收到转账支票一张。见表 5－11、表 5－12、表 5－13、表 5－14。

表 5－11

山东省增值税专用发票

开票日期:2016 年 12 月 3 日　　　　No 3173473

| 购货单位 | 名　称:肥城矿业公司 纳税人登记号:307985069862329 地址、电话:肥城市肥矿路 78 号 开户行及账号:工商行肥城市肥矿路支行 235890000 | | | 密码区 | (略) | |

商品或劳务名称	计量单位	数量	单价	金额 千百十万千百十元角分	税率%	税额 千百十万千百十元角分
仪表	台	1	180 000	1 8 0 0 0 0 0 0	17	3 0 6 0 0 0 0
合　计				¥1 8 0 0 0 0 0 0	17	¥3 0 6 0 0 0 0

| 价税合计(大写) | 贰拾壹万零陆佰元整 | ¥210 600.00 |

| 销货单位 | 名　称:优卡股份有限公司 纳税人登记号:370900000000898 地址、电话:泰安市高新区南天街 50 号 开户银行及账号:中国农业银行高新区支行 95599007766688888888 | 注 |

开票人:马强　　收款人:田丽　　复核:前程　　　　销货单位(章)

表 5－12

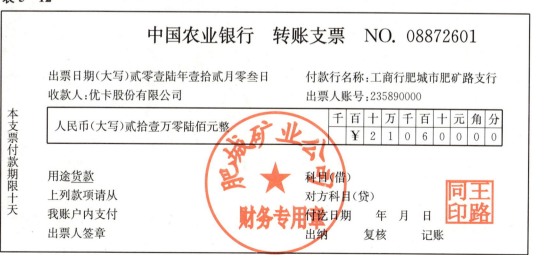

表 5－13

中国农业银行进账单（收账通知）

2016 年 12 月 3 日　　　　　　　　　　第 004 号

收款人	全　称	优卡股份有限公司	付款人	全　称	肥城矿业公司
	账　号	95599007766688888888		账　号	235890000
	开户银行	中国农业银行高新区支行		开户银行	工商行肥城市肥矿路支行

		百	十	万	千	百	十	元	角	分
人民币（大写）贰拾壹万零陆佰元整				￥2	1	0	6	0	0	0	0

票据种类	转账支票
票据张数	1
单位主管　会计　复核　记账	

收款人开户行盖章

此联是收款人开户行交给收款人回单或收账通知

表 5－14

商品出库单

编号：2001

2016 年 12 月 3 日　　　　　　　　产成品库：2

产品或物品名称	规　格	计量单位	数　量	单　价	金　额	备　注
仪表		台	1			出售
合　计			1			

第二联　记账联

记账：马丽　　　仓库保管员：刘刚　　　复核：马翔　　　制单：王华

（7）2016 年 12 月 4 日，销售仪表 2 台给肥城矿业公司，收到一张期限 2 个月的无息已承兑的商业承兑汇票。相关资料见表 5－15、表 5－16、表 5－17、表 5－18。

表 5－15

（汇票背面）

被背书人	被背书人	
		粘贴单处
背书人签章 年　月　日	背书人签章 年　月　日	

表 5 - 16

（汇票正面）

商业承兑汇票　2

出票日期　贰零壹陆年壹拾贰月零肆日

付款人	全　称	肥城矿业公司			收款人	全　称	优卡股份有限公司		
	账　号	235890000				账　号	95599007766688888888		
	开户银行	工商行肥城市肥矿路支行	行号			开户银行	农业高新区支行	行号	

出票金额	人民币（大写）肆拾陆万捌仟元整	百	十	万	千	百	十	元	角	分
		￥	4	6	8	0	0	0	0	0

出票到期日	贰零壹柒年零贰月零肆日	付款人	行号	
交易合同号	02011	开户行	地址	山东泰安

本汇票已经承兑,到期无条件支付款项。

承兑日期　2016 年 12 月 3 日

承兑人签章

此致本汇票请予以承兑于到期日付款。

出票人签章

表 5 - 17

商品出库单

编号:2002

2016 年 12 月 4 日

产成品库:2

产品或物品名称	规　格	计量单位	数　量	单　价	金　额	备　注
仪表		台	2			出售
合　计			2			

记账:马丽　　　　仓库保管员:刘刚　　　　复核:马翔　　　制单:王华

第二联　记账联

表 5－18

山东省增值税专用发票

开票日期:2016 年 12 月 4 日　　　　　No 3173475

购货单位	名　　称:肥城矿业公司 纳税人登记号:307985069862329 地　址、电话:肥城市肥矿路 78 号 开户行及账号:工商行肥城市肥矿路支行 235890000	密码区	（略）

商品或劳务名称	计量单位	数量	单价	金　额 千百十万千百十元角分	税率%	税　额 千百十万千百十元角分
仪表	台	2	200 000	4 0 0 0 0 0 0 0	17	6 8 0 0 0 0
合　计				¥4 0 0 0 0 0 0 0	17	¥6 8 0 0 0 0
价税合计(大写)	肆拾陆万捌仟元整					¥468 000.00

销货单位	名　　称:优卡股份有限公司 纳税人登记号:370900000000898 地　址、电话:泰安市高新区南天街 50 号 开户银行及账号:中国农业银行高新区支行 9559900776668888888	注	

第一联 记账联

开票人:马强　　　收款人:田丽　　　　复核:前程　　　　　销货单位(章)

（8）2016 年 12 月 5 日,销售锚护机具 1 套给肥城矿业公司,收到一张期限 3 个月无息已承兑的银行承兑汇票。相关资料见表 5－19、表 5－20、表 5－21、表 5－22、表 5－23。

表 5－19

（汇票背面）

被背书人	被背书人	
		粘贴单处
背书人签章 年　月　日	背书人签章 年　月　日	

表 5－20

（汇票正面）

银行承兑汇票 2

出票日期 贰零壹陆年壹拾贰月零伍日

付款人	全 称	肥城矿业公司		收款人	全 称	优卡股份有限公司	
	账 号	235890000			账 号	95599007766688888888	
	开户银行	工商行肥城市肥矿路支行	行号		开户银行	农业高新区支行	行号

出票金额	人民币（大写）伍拾捌万伍仟元整	百 十 万 千 百 十 元 角 分
		¥ 5 8 5 0 0 0 0 0

出票到期日	贰零壹柒年零叁月零伍日	付款人	行号	
承兑协议编号	13134	开户行	地址	山东泰安

本汇票请你行承兑，到期无条件支付款项。 出票人签章	本汇票已经承兑，到期日由本行付款。 承兑日期 2016年12月8日 备注：	科目（借） 对方科目（贷） 转账　　年　月　日 复核　　记账

由收款人开户行向承兑银行收取票款时作联行往来账付出传票

表 5－21

商品出库单

编号：1002

2016 年 12 月 5 日　　　　产成品库：1

产品或物品名称	规 格	计量单位	数 量	单 价	金 额	备 注
锚护机具		套	1			出售
合 计			1			

记账：马丽　　　仓库保管员：王刚　　　复核：马翔　　　制单：王华

第二联 记账联

表5－22

（汇票正面）

银行承兑汇票　3

出票日期　贰零壹陆年壹拾贰月零伍日

付款人	全　　称	肥城矿业公司		收款人	全　　称	优卡股份有限公司	
	账　　号	235890000			账　　号	95599007766688888888	
	开户银行	工商行肥城市肥矿路支行	行号		开户银行	农业高新区支行	行号

出票金额	人民币（大写）伍拾捌万伍仟元整	百 十 万 千 百 十 元 角 分
		¥ 5 8 5 0 0 0 0 0

出票到期日	贰零壹柒年零叁月零伍日	付款人	行号	
承兑协议编号	13134	开户行	地址	山东泰安

本汇票请你行承兑，到期无条件支付款项。	本汇票已经承兑，到期日由本行付款。		科目（借）			
			对方科目（贷）			
	承兑行签章		转账	年	月	日
	承兑日期 2016年12月5日		复核　　　　记账			
出票人签章	备注：					

（印章：肥城矿业公司 财务专用章）

（印章：中国工商银行股份有限公司 肥城肥矿路支行 业务办讫章）

表5－23

山东省增值税专用发票

（印章：山东　发票监制 国家税务总局监制）

开票日期：2016年12月5日　　　　　No 3173476

购货单位	名　　称：肥城矿业公司
	纳税人登记号：307985069862329
	地　址、电话：肥城市肥矿路78号
	开户行及账号：工商行肥城市肥矿路支行 235890000

密码区	（略）

商品或劳务名称	计量单位	数量	单价	金　额								税率%	税　额								
				千	百	十	万	千	百	十	元 角 分		千	百	十	万	千	百	十	元 角 分
锚机护具	套	1	500 000		5	0	0	0	0	0	0 0 0	17			8	5	0	0	0	0 0 0
合　计				¥ 5	0	0	0	0	0	0	0 0 0	17	¥		8	5	0	0	0	0 0 0

价税合计（大写）	伍拾捌万伍仟元整	￥585 000.00

销货单位	名　　称：优卡股份有限公司
	纳税人登记号：370900000000898
	地　址、电话：泰安市高新区南天街50号
	开户银行及账号：中国农业银行高新区支行 95599007766688888888

（印章：优卡股份有限公司 370900000000898 发票专用章）

备注

开票人：马强　　　　收款人：田丽　　　　复核：前程　　　　销货单位（章）

（9）2016 年 12 月 5 日，持有的肥城矿业公司的一张银行承兑汇票即将到期，委托开户行办理托收。相关资料见表 5-24、表 5-25、表 5-26、表 5-27。

表 5-24

委托收款　凭证(回单)1

委电

委托日期 2016 年 12 月 5 日

收款人	全　称	优卡股份有限公司	付款人	全　称	肥城矿业公司
	账　号	95599007766688888888		账　号	235890000
	开户银行	中国农业银行高新区支行		开户银行	工商行肥城市肥矿路支行

委托金额	人民币(大写)贰拾叁万肆仟元整		千	百	十	万	千	百	十	元	角	分
				¥	2	3	4	0	0	0	0	0

款项内容	银行承兑汇票款	委托收款凭证名称	银行承兑汇票	附寄单证张数	2

备注：	付款人注意：
	1. 应于见票的当日通知开户银行划款
	2. 如需拒付,应在规定期限内,将拒付理由书并附债务证明退交开户银行

单位主管　　会计　　复核　　记账　　　付款人开户行收到日期　　年　月　日
　　　　　　　　　　　　　　　　　　　　支付日期　　年　月　日

表 5-25

（汇票正面）

银行承兑汇票　2

出票日期 贰零壹陆年壹拾贰月零柒日

付款人	全　称	肥城矿业公司		收款人	全　称	优卡股份有限公司	
	账　号	235890000			账　号	95599007766688888888	
	开户银行	工商行肥城市肥矿路支行	行号		开户银行	农业高新区支行	行号

出票金额	人民币(大写)贰拾叁万肆仟元整		百	十	万	千	百	十	元	角	分
			¥	2	3	4	0	0	0	0	0

出票到期日	贰零壹陆年壹拾贰月零柒日	付款人	行号	
承兑协议编号	13124	开户行	地址	山东泰安

本汇票请你行承兑,到期无条件支付款项。 出票人签章	本汇票已经承兑,到期日由本行付款。 承兑日期　2016 年 12 月 7 日 备注:	科目(借) 对方科目(贷) 转账　　年　月　日 复核　　记账

表 5 - 26

（汇票正面）

银行承兑汇票 3

出票日期 贰零壹陆年壹拾贰月零柒日

解讫通知联收款人开户银行收取票款时随报单寄给
承兑行作付出传票附件

付款人	全　　称	肥城矿业公司		收款人	全　　称	优卡股份有限公司	
	账　　号	235890000			账　　号	95599007766688888888	
	开户银行	工商行肥城市肥矿路支行	行号		开户银行	农业高新区支行	行号

出票金额	人民币（大写）贰拾叁万肆仟元整	百	十	万	千	百	十	元	角	分
			¥ 2	3	4	0	0	0	0	0

出票到期日	贰零壹陆年壹拾贰月零柒日		付款人	行号	
承兑协议编号	13124		开户行	地址	山东泰安

本汇票请你行承兑，到期无条件支付款项。

出票人签章

本汇票已经承兑，到期日由本行付款。

承兑行签章

承兑日期 2016 年 12 月 7 日
备注：

科目（借）
对方科目（贷）

转账　　　年　月　日
复核　　　记账

表 5 - 27

（汇票背面）

被背书人 中国农业银行高新区支行	被背书人	粘贴单处
委托收款　　　　　背书人签章　　2016 年 12 月 5 日	背书人签章　　2016 年 12 月 5 日	

（10）2016 年 12 月 5 日，从济南钢铁公司购入甲材料 20 吨，以银行存款进行结算，相关资料见表 5 - 28、表 5 - 29、表 5 - 30、表 5 - 31、表 5 - 32、表 5 - 33。

表 5－28

山东省增值税专用发票

开票日期:2016 年 12 月 5 日　　　　　　　No 3173477

购货单位	名 称:优卡股份有限公司								密码区									(略)							
	纳税人登记号:370900000000898																								
	地 址、电 话:泰安市高新区南天街 50 号																								
	开户行及账号:中国农业银行高新区支行　账号:95599007766688888888																								

商品或劳务名称	计量单位	数量	单价	金 额										税率%	税 额									
				千	百	十	万	千	百	十	元	角	分		千	百	十	万	千	百	十	元	角	分
甲材料	吨	20	50 000		1	0	0	0	0	0	0	0	0	17			1	7	0	0	0	0	0	0
合 计				¥	1	0	0	0	0	0	0	0	0	17	¥		1	7	0	0	0	0	0	0
价税合计(大写)	壹佰壹拾柒万元整												¥ 1 170 000.00											

销货单位	名 称:济南钢铁公司
	纳税人登记号:370110000000798
	地 址、电 话:济南市工业南路 7788 号
	开户银行及账号:中国建设银行工业路支行 8559900777666888999907

第二联 抵扣联

开票人:李予　　　收款人:刘梅　　　复核:李红　　　　　销货单位(章)

表 5－29

山东省增值税专用发票

开票日期:2016 年 12 月 5 日　　　　　　　No 3173477

购货单位	名 称:优卡股份有限公司								密码区									(略)							
	纳税人登记号:370900000000898																								
	地 址、电 话:泰安市高新区南天街 50 号																								
	开户行及账号:中国农业银行高新区支行　账号:95599007766688888888																								

商品或劳务名称	计量单位	数量	单价	金 额										税率%	税 额									
				千	百	十	万	千	百	十	元	角	分		千	百	十	万	千	百	十	元	角	分
甲材料	吨	20	50 000		1	0	0	0	0	0	0	0	0	17			1	7	0	0	0	0	0	0
合 计				¥	1	0	0	0	0	0	0	0	0	17	¥		1	7	0	0	0	0	0	0
价税合计(大写)	壹佰壹拾柒万元整												¥ 1 170 000.00											

销货单位	名 称:济南钢铁公司
	纳税人登记号:370110000000798
	地 址、电 话:济南市工业南路 7788 号
	开户银行及账号:中国建设银行工业路支行 8559900777666888999907

第三联 发票联

开票人:李予　　　收款人:刘梅　　　复核:李红　　　　　销货单位(章)

表 5－30

山 东 省 增 值 税 专 用 发 票

开票日期：2016 年 12 月 5 日　　　　　　　　No 3173476

购货单位	名　　称：优卡股份有限公司 纳税人登记号：370900000000898 地址、电话：泰安市高新区南天街 50 号 开户行及账号：中国农业银行高新区支行　账号：95599007766688888888	密码区	（略）

商品或劳务名称	计量单位	数量	单价	金　额 千百十万千百十元角分	税率%	税　额 千百十万千百十元角分
货物运输	公里			2 8 2 5 0 0 0	11	3 1 0 7 5 0
合　计				￥2 8 2 5 0 0 0	11	￥3 1 0 7 5 0
价税合计（大写）	叁万壹仟叁佰伍拾柒元零伍角整			￥31 357.50		

销货单位	名　　称：济南火车站 纳税人登记号：370100000000110 地址、电话：济南火车站路 1 号 开户银行及账号：中国农业银行天桥支行 95599007766611111110	备注	起运地：济南 目的地：泰安 运输货物：甲材料

开票人：马山　　　　收款人：李红　　　　复核：刘利　　　　　　　　销货单位（章）

第二联 抵扣联

表 5－31

山 东 省 增 值 税 专 用 发 票

开票日期：2016 年 12 月 5 日　　　　　　　　No 3173476

购货单位	名　　称：优卡股份有限公司 纳税人登记号：370900000000898 地址、电话：泰安市高新区南天街 50 号 开户行及账号：中国农业银行高新区支行　账号：95599007766688888888	密码区	（略）

商品或劳务名称	计量单位	数量	单价	金　额 千百十万千百十元角分	税率%	税　额 千百十万千百十元角分
货物运输	公里			2 8 2 5 0 0 0	11	3 1 0 7 5 0
合　计				￥2 8 2 5 0 0 0	11	￥3 1 0 7 5 0
价税合计（大写）	叁万壹仟叁佰伍拾柒元零伍角整			￥31 357.50		

销货单位	名　　称：济南火车站 纳税人登记号：370100000000110 地址、电话：济南火车站路 1 号 开户银行及账号：中国农业银行天桥支行 95599007766611111110	备注	起运地：济南 目的地：泰安 运输货物：甲材料

开票人：马山　　　　收款人：李红　　　　复核：刘利　　　　　　　　销货单位（章）

第三联 发票联

表 5 - 32

中国农业银行电汇凭证（回单）

委托日期 2016 年 12 月 5 日　　　　　　　　　第 006 号

汇款人	全　　称	优卡股份有限公司			收款人	全　　称	济南钢铁公司		
	账　　号	95599007766688888888				账　　号	85599007776668889907		
	汇出地点	泰安	汇出行名称	农行高新区支行		汇入地点	济南	汇入行名称	建行工业路支行

金额(大写)人民币壹佰贰拾万壹仟叁佰伍拾柒元零伍角整	千	百	十	万	千	百	十	元	角	分
	¥	1	2	0	1	3	5	7	5	0

汇出行盖章	支付密码
（中国农业银行股份有限公司 泰安高新区支行 业务办讫章）	附加信息及用途　支付货款
	复核　　　　　记账

此联是汇出银行交给汇款单位的回单

表 5 - 33

收　料　单

2016 年 12 月 5 日　　　　　　　　　字 第 001 号

供应单位：济南钢铁公司　　　　　　　　　　　　材料类别：原料及主要材料

材料编号	名称	规格	计量单位	数量		实际成本					计划成本		记账联
				应收	实收	买价		运杂费	其他	合计	单位成本	金额	
						单价	金额						
001	甲材料		吨	20	20	50 000.00	1 000 000.00	28 250.00		1 028 250.00	50 000.00	1 000 000.00	
	差异			超支差　28 250 元									

仓库负责人：马翔　　　记账：马丽　　　仓库保管员：王刚　　　　　　收料：田凯

　　（11）2016 年 12 月 5 日，以预付款方式从莱芜钢铁公司购入乙材料 80 吨，前期预付款 4 300 000 元，余款退回。相关资料见表 5 - 34、表 5 - 35、表 5 - 36、表 5 - 37、表 5 - 38、表 5 - 39。

表 5 - 34

山东省 增 值 税 专 用 发 票

开票日期:2016 年 12 月 5 日　　　　　　No 3063472

| 购货单位 | 名　　称:优卡股份有限公司
纳税人登记号:370900000000898
地 址 、电 话:泰安市高新区南天街 50 号
开户行及账号:中国农业银行高新区支行　账号:95599007766688888888 | | | | | | | 密码区 | (略) | |

商品或劳务名称	计量单位	数量	单价	金额 千百十万千百十元角分	税率%	税额 千百十万千百十元角分
乙材料	吨	80	45 000	3 6 0 0 0 0 0 0 0	17	6 1 2 0 0 0 0
合　　计				¥3 6 0 0 0 0 0 0 0	17	¥6 1 2 0 0 0 0
价税合计(大写)	肆佰贰拾壹万贰仟元整					¥4 212 000.00

| 销货单位 | 名　　称:莱芜钢铁公司
纳税人登记号:370810000000799
地 址 、电 话:莱芜市工业路 6677 号
开户银行及账号:建行莱城区支行 65599007776668888899911 | 莱芜钢铁公司
370810000000799
发票专业章 |

第三联　发票联

开票人:李凌　　　收款人:刘海　　　复核:李欠　　　　　销货单位(章)

表 5 - 35

山东省 增 值 税 专 用 发 票

开票日期:2016 年 12 月 5 日　　　　　　No 3063472

| 购货单位 | 名　　称:优卡股份有限公司
纳税人登记号:370900000000898
地 址 、电 话:泰安市高新区南天街 50 号
开户行及账号:中国农业银行高新区支行　账号:95599007766688888888 | | | | | | | 密码区 | (略) | |

商品或劳务名称	计量单位	数量	单价	金额 千百十万千百十元角分	税率%	税额 千百十万千百十元角分
乙材料	吨	80	45 000	3 6 0 0 0 0 0 0 0	17	6 1 2 0 0 0 0
合　　计				¥3 6 0 0 0 0 0 0 0	17	¥6 1 2 0 0 0 0
价税合计(大写)	肆佰贰拾壹万贰仟元整					¥4 212 000.00

| 销货单位 | 名　　称:莱芜钢铁公司
纳税人登记号:370810000000799
地 址 、电 话:莱芜市工业路 6677 号
开户银行及账号:建行莱城区支行 65599007776668888899911 | 莱芜钢铁公司
370810000000799
发票专业章 |

第二联　抵扣联

开票人:李凌　　　收款人:刘海　　　复核:李欠　　　　　销货单位(章)

表 5－36

山东省增值税专用发票

开票日期:2016 年 12 月 5 日　　　　　No 4173476

购货单位	名　称:优卡股份有限公司													密码区	（略）								
	纳税人登记号:370900000000898																						
	地址 、电话:泰安市高新区南天街 50 号																						
	开户行及账号:中国农业银行高新区支行　账号:95590077666888888888																						

商品或劳务名称	计量单位	数量	单价	金　额									税率%	税　额								
				千	百	十	万	千	百	十	元	角	分		千	百	十	万	千	百	十	元	角	分
货物运输	公里					8	1	0	0	0	0			11					8	9	1	0	0
合　计						¥8	1	0	0	0	0			11				¥8	9	1	0	0

价税合计（大写）　捌仟玖佰玖拾壹元整　　　　　　　　¥8 991.00

销货单位	名　称:莱芜汽车站	备注	起运地:莱芜
	纳税人登记号:371000000000110		目的地:泰安
	地址 、电话:泰安市火车站路 1 号		运输货物:乙材料
	开户银行及账号:中国农业银行钢城支行 95590088666111111117		

开票人:马华　　　　收款人:田二　　　　复核:前山　　　　销货单位（章）

第三联 抵扣联

表 5－37

山东省增值税专用发票

开票日期:2016 年 12 月 5 日　　　　　No 4173476

购货单位	名　称:优卡股份有限公司													密码区	（略）								
	纳税人登记号:370900000000898																						
	地址 、电话:泰安市高新区南天街 50 号																						
	开户行及账号:中国农业银行高新区支行　账号:95590077666888888888																						

商品或劳务名称	计量单位	数量	单价	金　额									税率%	税　额								
				千	百	十	万	千	百	十	元	角	分		千	百	十	万	千	百	十	元	角	分
货物运输	公里					8	1	0	0	0	0			11					8	9	1	0	0
合　计						¥8	1	0	0	0	0			11				¥8	9	1	0	0

价税合计（大写）　捌仟玖佰玖拾壹元整　　　　　　　　¥8 991.00

销货单位	名　称:莱芜汽车站	备注	起运地:莱芜
	纳税人登记号:371000000000110		目的地:泰安
	地址 、电话:泰安市火车站路 1 号		运输货物:乙材料
	开户银行及账号:中国农业银行钢城支行 95590088666111111117		

开票人:马华　　　　收款人:田二　　　　复核:前山　　　　销货单位（章）

第二联 发票联

表 5－38

收料单

2016 年 12 月 5 日

字 第 003 号

供应单位:莱芜钢铁公司　　　　　　　　　　　　　　材料类别:原料及主要材料

材料编号	名称	规格	计量单位	数量		实际成本						计划成本		记账联
				应收	实收	买价		运杂费	其他	合计		单位成本	金额	
						单价	金额							
003	乙材料		吨	80	80	45 000.00	3 600 000.00	8 100.00		3 608 100.00		46 000.00	3 680 000.00	
差异				节约差　71 900 元										

仓库负责人:马翔　　　记账:马丽　　　仓库保管员:王刚　　　收料:田凯

表 5－39

中国农业银行进账单(收账通知)

2016 年 12 月 5 日

第 006 号

收款人	全　称	优卡股份有限公司	付款人	全　称	莱芜钢铁公司
	账　号	95599007766688888888		账　号	65599007766688899911
	开户银行	中国农业银行高新区支行		开户银行	建行莱城区支行

人民币(大写)柒万玖仟零玖元整				万	千	百	十	元	角	分
			￥		9	0	0	9	0	0
票据种类	转账支票									
票据张数	1									
单位主管　会计　复核　记账										

（此联是收款人开户行交给收款人回单或收账通知）

（中国农业银行股份有限公司　泰安高新区支行　收款人开户行盖章　业务办讫章）

(12) 2016 年 12 月 5 日,从莱芜钢铁公司购入丙材料 10 吨,以 2016 年 11 月 28 日签发银行汇票进行结算,余款退回。相关资料见表 5－40、表 5－41、表 5－42、表 5－43、表 5－44、表 5－45、表 5－46。

表 5－40

山 东 省 增 值 税 专 用 发 票

开票日期:2016 年 12 月 5 日　　　　　　　　　N o　3063474

购货单位	名　　　　称:优卡股份有限公司															密码区	（略）									
	纳税人登记号:370900000000898																									
	地址、电话:泰安市高新区南天街 50 号																									
	开户行及账号:中国农业银行高新区支行　账号:95599007766688888888																									

商品或劳务名称	计量单位	数量	单价	金　　额										税率%	税　　额									
				千	百	十	万	千	百	十	元	角	分		千	百	十	万	千	百	十	元	角	分
丙材料	吨	10	10 000		1	0	0	0	0	0	0	0	0	17			1	7	0	0	0	0	0	0
合　　计				¥	1	0	0	0	0	0	0	0	0	17	¥		1	7	0	0	0	0	0	0
价税合计(大写)	壹拾壹万柒仟元整									¥117 000.00															

销货单位	名　　　　称:莱芜钢铁公司
	纳税人登记号:370810000000799
	地址、电话:莱芜市工业路 6677 号
	开户银行及账号:建行莱城区支行 65599007766688899911

第三联 发票联

开票人:李凌　　　　收款人:刘海　　　　复核:李欠　　　　　　　销货单位(章)

表 5－41

山 东 省 增 值 税 专 用 发 票

开票日期:2016 年 12 月 5 日　　　　　　　　　N o　3063474

购货单位	名　　　　称:优卡股份有限公司															密码区	（略）									
	纳税人登记号:370900000000898																									
	地址、电话:泰安市高新区南天街 50 号																									
	开户行及账号:中国农业银行高新区支行　账号:95599007766688888888																									

商品或劳务名称	计量单位	数量	单价	金　　额										税率%	税　　额									
				千	百	十	万	千	百	十	元	角	分		千	百	十	万	千	百	十	元	角	分
丙材料	吨	10	10 000		1	0	0	0	0	0	0	0	0	17			1	7	0	0	0	0	0	0
合　　计				¥	1	0	0	0	0	0	0	0	0	17	¥		1	7	0	0	0	0	0	0
价税合计(大写)	壹拾壹万柒仟元整									¥117 000.00															

销货单位	名　　　　称:莱芜钢铁公司
	纳税人登记号:370810000000799
	地址、电话:莱芜市工业路 6677 号
	开户银行及账号:建行莱城区支行 65599007766688899911

第二联 抵扣联

开票人:李凌　　　　收款人:刘海　　　　复核:李欠　　　　　　　销货单位(章)

表 5-42

山 东 省 增 值 税 专 用 发 票

开票日期:2016 年 12 月 5 日 　　　　　　No 4173476

购货单位	名　　　称:优卡股份有限公司																密码区	（略）									
	纳税人登记号:370900000000898																										
	地 址 、电话:泰安市高新区南天街 50 号																										
	开户行及账号:中国农业银行高新区支行　账号:95599007766688888888																										

商品或劳务名称	计量单位	数量	单价	金　　额										税率%	税　　额									
				千	百	十	万	千	百	十	元	角	分		千	百	十	万	千	百	十	元	角	分
货物运输	公里				1	0	0	0	0	0	0			11				1	1	0	0	0	0	
合　计					¥1	0	0	0	0	0	0			11		¥1	1	0	0	0	0			
价税合计(大写)	壹万壹仟壹佰元整													¥11 100.00										

销货单位	名　　　称:莱芜汽车站					备注	起运地:莱芜 目的地:泰安 运输货物:甲材料
	纳税人登记号:371000000000110						
	地 址 、电话:泰安市火车站路 1 号						
	开户银行及账号:中国农业银行钢城支行 95599008866611111117						

开票人:马天　　　　收款人:田红　　　　复核:前利　　　　　　销货单位(章)

表 5-43

山 东 省 增 值 税 专 用 发 票

开票日期:2016 年 12 月 5 日 　　　　　　No 4173476

购货单位	名　　　称:优卡股份有限公司																密码区	（略）									
	纳税人登记号:370900000000898																										
	地 址 、电话:泰安市高新区南天街 50 号																										
	开户行及账号:中国农业银行高新区支行　账号:95599007766688888888																										

商品或劳务名称	计量单位	数量	单价	金　　额										税率%	税　　额									
				千	百	十	万	千	百	十	元	角	分		千	百	十	万	千	百	十	元	角	分
货物运输	公里				1	0	0	0	0	0	0			11				1	1	0	0	0	0	
合　计					¥1	0	0	0	0	0	0			11		¥1	1	0	0	0	0			
价税合计(大写)	壹万壹仟壹佰元整													¥11 100.00										

销货单位	名　　　称:莱芜汽车站					备注	起运地:莱芜 目的地:泰安 运输货物:甲材料
	纳税人登记号:371000000000110						
	地 址 、电话:泰安市火车站路 1 号						
	开户银行及账号:中国农业银行钢城支行 95599008866611111117						

开票人:马天　　　　收款人:田红　　　　复核:前利　　　　　　销货单位(章)

表 5－44

收 料 单

2016 年 12 月 5 日

字 第 004 号

供应单位：莱芜钢铁公司

材料类别：原料及主要材料

材料编号	名称	规格	计量单位	数量		实际成本					计划成本		记账联
				应收	实收	买价		运杂费	其他	合计	单位成本	金额	
						单价	金额						
002	丙材料		吨	10	10	10 000.00	100 000.00	10 000.00		110 000.00	10 000.00	100 000.00	
差异				超支差 10 000 元									

仓库负责人：马翔 　　记账：马丽 　　仓库保管员：王刚 　　收料：田凯

表 5－45

中国农业银行
银行汇票 　2

付款期
一个月

出票日期
（大写）贰零壹陆年壹拾壹月贰拾捌日

兑付地点：泰安 　兑付行：农行高新区支行 　行号：×

收款人：莱芜钢铁公司 　　账号或住址：65599007776668889911

出票金额 人民币（大写）壹拾叁万元整

| 实际结算金额 人民币（大写）壹拾贰万捌仟壹佰元整 | 百 | 十 | 万 | 千 | 百 | 十 | 元 | 角 | 分 |
| | ¥ | 1 | 2 | 8 | 1 | 0 | 0 | 0 | 0 |

申请人：优卡股份有限公司 　　账号：95599007766688888888

出票行：中国农业银行高新区支行

备注：

凭票付款

出票行签章

密押：								复核记账
多余金额								
百	十	万	千	百	十	元	角	
			¥	1	9	0	0	0	

此联代理付款行付款后作联行往账借方凭证附件

表 5 - 46

中国农业银行
银行汇票（多余款收账通知）4

付款期
一个月

出票日期
（大写）贰零壹陆年壹拾壹月贰拾捌日

兑付地点:泰安　兑付行:农行高新区支行　行号:×

| 收款人：莱芜钢铁公司 | 账号或住址:65599007776668899911 |

出票金额　人民币（大写）壹拾叁万元整

实际结算金额　人民币（大写）壹拾贰万捌仟壹佰元整	百	十	万	千	百	十	元	角	分
		¥	1	2	8	1	0	0	0	0

申请人：　　　　优卡股份有限公司　　　　　账号：95599007766688888888
出票行：中国农业银行高新区支行
备注
凭票付款
出票行签章 2016 年 11 月 28 日

密押：	
多余金额	复核
百 十 万 千 百 十 元 角	记账
¥ 1 9 0 0 0	

此联出票行行结清多余款项后交申请人

（13）2016 年 12 月 5 日,生产领用甲材料,相关资料见表 5 - 47。

表 5 - 47

领 料 单

领料部门:基本生产车间　　　开票日期:2016 年 12 月 5 日　　　字第 0010 号

材料编号	材料名称	规格	单位	请领数量	实发数量	计划成本	
						计划单价	金额
001	甲材料		吨	20 吨	20 吨	50 000	1 000 000

用途	领料部门		发料部门	
生产仪表用 5 吨	领料单位负责人	领料人	核准人	发料人
生产锚护机具用 15 吨	丁同	卞强		田凯

第二联　会计记账联

（14）2016 年 12 月 5 日，领用工作服，相关资料见表 5-48。

表 5-48

领 料 单

领料部门：基本生产车间 　　　　　 开票日期：2016 年 12 月 5 日 　　　　　 字第 0011 号

材料编号	材料名称	规格	单位	请领数量	实发数量	计划成本 计划单价	计划成本 金额
004	工作服		套	120 套	100 套	180	18 000
					20 套	300	6 000

用途	领料部门		发料部门	
基本车间生产人员领用 100 套×180 辅助生产车间生产人员领用 20 套×300	领料单位负责人	领料人	核准人	发料人
	丁同	卞强		

（15）2016 年 12 月 6 日，从泰安大河服装厂购入工作服 200 套，相关资料见表 5-49、表 5-50、表 5-51、表 5-52。

表 5-49

山东省增值税专用发票

开票日期：2016 年 12 月 6 日 　　　　　 N<u>o</u> 3173495

购货单位	名　　　称：优卡股份有限公司 纳税人登记号：370900000000898 地址、电话：泰安市高新区南天街 50 号 开户行及账号：中国农业银行高新区支行 账号：95599007766688888888	密码区	（略）

商品或劳务名称	计量单位	数量	单价	金额 千百十万千百十元角分	税率%	税额 千百十万千百十元角分
工作服	套	200	250	5 0 0 0 0 0 0	17	8 5 0 0 0 0
合　　计				￥5 0 0 0 0 0 0	17	￥8 5 0 0 0 0
价税合计（大写）	伍万捌仟伍佰元整					￥58 500.00

销货单位	名　　　称：泰安大河服装厂 纳税人登记号：370910000000245 地址、电话：迎宾大街 6778 号 开户银行及账号：建行岱宗支行 855990077766688899924	

开票人：李凌 　　　 收款人：文海 　　　 复核：丁同 　　　 销货单位（章）

表 5－50

山东省增值税专用发票

开票日期:2016 年 12 月 6 日　　　　　　　No 3173495

购货单位	名　　　称:优卡股份有限公司 纳税人登记号:370900000000898 地 址 、电 话:泰安市高新区南天街 50 号 开户行及账号:中国农业银行高新区支行　账号:95599007766688888888	密码区	（略）

商品或劳务名称	计量单位	数量	单价	金　额 千百十万千百十元角分	税率％	税　额 千百十万千百十元角分
工作服	套	200	250	5 0 0 0 0 0 0	17	8 5 0 0 0 0
合　　计				￥5 0 0 0 0 0 0	17	￥　8 5 0 0 0 0
价税合计(大写)	伍万捌仟伍佰元整			￥58 500.00		

销货单位	名　　　称:泰安大河服装厂 纳税人登记号:370910000000245 地 址 、电 话:迎宾大街 6778 号 开户银行及账号:建行岱宗支行 855990077766688899924	泰安大河服装厂 370910000000245 发票专业章

开票人:李凌　　　　收款人:文海　　　　　复核:丁同　　　　　　销货单位(章)

第一联 抵扣联

表 5－51

收 料 单

2016 年 12 月 6 日

供应单位:泰安大河服装厂　　　　　　　　　　　　　字 第 009 号

材料类别:周转材料

材料编号	名称	规格	计量单位	数量		实际成本				
				应收	实收	买价		运杂费	其他	合计
						单价	金额			
004	工作服		套	200	200	250.00	50 000.00			50 000.00

仓库负责人:马翔　　　记账:马丽　　　　仓库保管员:王刚　　　　　收料:田凯

记账联

表 5 - 52

中国农业银行转账支票存根

支票号码　NO. 08872628

科　目

对方科目

出票日期 2016 年 12 月 6 日

| 收款人:泰安大河服装厂 |
| 金　额:￥58 500.00 |
| 用　途:支付工作服款 |

单位主管:黄华　　　　会计:马丽

（16）2016 年 12 月 6 日,领用材料,相关资料见表 5 - 53、表 5 - 54。

表 5 - 53

领　料　单

领料部门:基本生产车间　　　开票日期:2016 年 12 月 6 日　　　　字第 0015 号

材料编号	材料名称	规格	单位	请领数量	实发数量	计划成本	
						计划单价	金额
001	甲材料		吨	12 吨	12 吨	50 000	600 000

用途	领料部门		发料部门	
生产仪表用 4 吨	领料单位负责人	领料人	核准人	发料人
生产锚护机具用 8 吨	丁同	卞强		田凯

（第二联　会计记账联）

表 5 - 54

领　料　单

领料部门:辅助生产车间　　　开票日期:2016 年 12 月 6 日　　　　字第 0016 号

材料编号	材料名称	规格	单位	请领数量	实发数量	计划成本	
						计划单价	金额
001	甲材料		吨	1 吨	1 吨	50 000	50 000
006	丁材料		件	2 件	2 件	5 000	10 000

用途	领料部门		发料部门	
生产经营	领料单位负责人	领料人	核准人	发料人
	丁同	卞强		田凯

（第二联　会计记账联）

（17）2016 年 12 月 6 日,优卡股份有限公司签发转账支票办理存出投资款,相关资料见表5－55、表5－56。

表 5－55

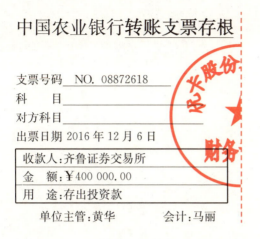

中国农业银行**转账支票存根**

支票号码 NO. 08872618

科 目 _____

对方科目 _____

出票日期 2016 年 12 月 6 日

| 收款人:齐鲁证券交易所 |
| 金 额:￥400 000.00 |
| 用 途:存出投资款 |

单位主管:黄华 　　　会计:马丽

表 5－56

齐鲁证券交易所客户存款凭条

2016 年 12 月 6 日

流水号:1125

户 名:优卡股份有限公司　　　　　账号:5877966321

存入金额:￥400 000.00　　　　　余额:￥401 000.00

上海账号:A615166

深圳账号:A30408

委托人:　　　　　操作号:899　　　　复核:李辉

(18) 2016 年 12 月 7 日,购买鲁润股份股票作可供出售金融资产,资料见表 5 - 57。

表 5 - 57

证券成交过户交割单

席位号:44078　　　　　　　　　打印日期:2016 年 12 月 7 日

股东名称:优卡股份有限公司	成交编号:584808
股东账号:A615166	成交数量:2 000 股
资金账号:5877966321	成交价格:20.5
期初数量:0	成交金额:41 000
期初金额:353 450.00	佣　　金:89
股票代码:600373	印 花 税:41
股票名称:鲁润股份	过 户 费:20
申报日期:20161207	其他费用:0
申报编号:3250	清算金额:41 150
备　　注:购入	成交时间:09:32
	清算日期:20161207

经办单位:齐鲁证券交易所　　　　　客户签章:优卡股份有限公司

(19) 2016 年 12 月 7 日,收到肥城矿业公司银行承兑汇票款,资料见表 5 - 58。

表 5 - 58

委托收款　凭证(收账通知)4

委电

委托日期 2016 年 12 月 5 日

收款人	全　称	优卡股份有限公司	付款人	全　称	肥城矿业公司									
	账　号	95599007766688888888		账　号	235890000									
	开户银行	中国农业银行高新区支行		开户银行	工商行肥城市肥矿路支行									
委托金额		人民币(大写)贰拾叁万肆仟元整			千	百	十	万	千	百	十	元	角	分
						￥2	3	4	0	0	0	0	0	0
款项内容	银行承兑汇票款	委托收款凭证名称	银行承兑汇票	附寄单证张数	2									
备注			付款人注意: 1. 应于见票的当日通知开户银行划款 2. 如需拒付,应在规定期限内,将拒付理由书并附债务证明退交开户银行											

单位主管　会计　复核　记账　　付款人开户行收到日期 2016 年 12 月 6 日
　　　　　　　　　　　　　　　　支付日期 2016 年 12 月 7 日

此联收款人开户银行在款项收妥后给收款单位的收账通知委托

（20）2016 年 12 月 7 日，优卡股份有限公司以 500 万元对山东矿业公司进行长期股权投资，取得山东矿业公司 20％的股权，能对山东矿业公司实施重大影响。资料见表 5－59、表 5－60。

表 5－59

中国农业银行电汇凭证（回单）

委托日期 2016 年 12 月 7 日　　　　　　　　　　第 028 号

汇款人	全　称	优卡股份有限公司			收款人	全　称	山东矿业公司		
	账　号	95599007766688888888				账　号	15599007776668800001		
	汇出地点	泰安	汇出行名称	农行高新区支行		汇入地点	济南	汇入行名称	建行天桥区支行

金额(大写)人民币伍佰万元整	千	百	十	万	千	百	十	元	角	分
	¥	5	0	0	0	0	0	0	0	0

汇出行盖章
（中国农业银行股份有限公司 泰安高新区支行 业务办讫章）

支付密码

附加信息及用途　支付货款

复核　　　记账

此联是汇出银行交给汇款单位的回单

表 5－60

投资协议书（摘要）

投资单位:优卡股份有限公司

被投资单位:山东矿业公司

············

第二条:优卡股份有限公司以货币资金对山东矿业公司进行投资,其投资额为人民币 500 万元。

第三条:优卡股份有限公司投资后,占山东矿业公司新注册资本的 20％的份额,能够对山东矿业公司实施重大影响。

第四条:投资当日,山东矿业公司所有者权益公允价值为 2500 万元。

············

投资人(签章):优卡股份有限公司　　　　　接受投资人(签章):山东矿业公司

2016 年 12 月 7 日　　　　　　　　　　　　2016 年 12 月 7 日

（21）2016 年 12 月 7 日，优卡股份有限公司出售持有的长期股权投资兖州矿业集团股票。出售前，该部分投资的投资成本 2 600 万元，资料见表 5－61。

表 5－61

证券成交过户交割单

席位号:64078　　　　　　　打印日期:2016 年 12 月 7 日

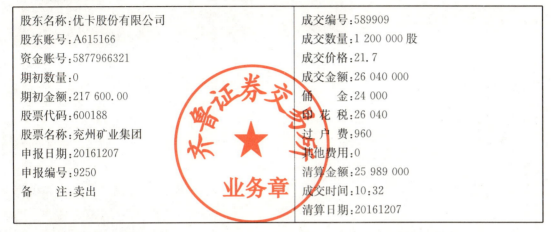

股东名称:优卡股份有限公司	成交编号:589909
股东账号:A615166	成交数量:1 200 000 股
资金账号:5877966321	成交价格:21.7
期初数量:0	成交金额:26 040 000
期初金额:217 600.00	佣　金:24 000
股票代码:600188	印 花 税:26 040
股票名称:兖州矿业集团	过 户 费:960
申报日期:20161207	其他费用:0
申报编号:9250	清算金额:25 989 000
备　注:卖出	成交时间:10:32
	清算日期:20161207

经办单位:齐鲁证券交易所　　　　　客户签章:优卡股份有限公司

(22) 2016 年 12 月 7 日,从泰安机械厂购入需安装设备 A 一台,以银行存款进行结算,相关资料见表 5－62、表 5－63、表 5－64。

表 5－62

山 东 省 增 值 税 专 用 发 票

开票日期:2016 年 12 月 7 日　　　　　　　No 3173581

购货单位	名　　称:优卡股份有限公司 纳税人登记号:370900000000898 地 址、电话:泰安市高新区南天街 50 号 开户银行及账号:中国农业银行高新区支行 95599007766688888888	密码区	(略)

商品或劳务名称	计量单位	数量	单价	金额 千百十万千百十元角分	税率%	税额 千百十万千百十元角分
设备 A	台	1	500 000	5 0 0 0 0 0 0 0	17	8 5 0 0 0 0 0
合　计				¥5 0 0 0 0 0 0 0	17	¥8 5 0 0 0 0 0
价税合计(大写)	伍拾捌万伍仟元整					¥585 000.00

销货单位	名　　称:泰安机械厂 纳税人登记号:370900000000108 地 址、电话:泰安市岱宗大街西段 开户银行及账号:中国农业银行高新区支行 95599007766688888888

开票人:孙为　　　收款人:丁同　　　复核:李传强　　　销货单位(章)

表 5 - 63

山东省增值税专用发票

开票日期:2016 年 12 月 7 日　　　　　　No 3173581

| 购货单位 | 名　　　　称:优卡股份有限公司
纳税人登记号:370900000000898
地 址 、电 话:泰安市高新区南天街 50 号
开户银行及账号:中国农业银行高新区支行 95599007766688888888 | | | | | | 密码区 | （略） | | |

商品或劳务名称	计量单位	数量	单价	金　额										税率%	税　额									
				千	百	十	万	千	百	十	元	角	分		千	百	十	万	千	百	十	元	角	分
设备 A	台	1	500 000			5	0	0	0	0	0	0	0	17				8	5	0	0	0	0	0
合　　计					¥	5	0	0	0	0	0	0	0	17			¥	8	5	0	0	0	0	0
价税合计(大写)	伍拾捌万伍仟元整																	¥585 000.00						

| 销货单位 | 名　　　　称:泰安机械厂
纳税人登记号:370900000000108
地 址 、电 话:泰安市岱宗大街西段
开户银行及账号:中国农业银行高新区支行 955990077766688888888 | 备注 |

开票人:孙为　　　　收款人:丁同　　　　复核:李传强　　　　　　销货单位(章)

表 5 - 64

中国农业银行转账支票存根

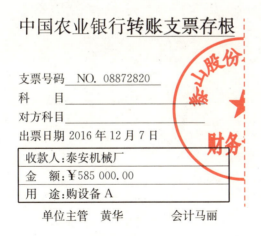

支票号码　NO. 08872820

科　　目＿＿＿＿＿＿＿＿＿＿＿

对方科目＿＿＿＿＿＿＿＿＿＿＿

出票日期 2016 年 12 月 7 日

| 收款人:泰安机械厂 |
| 金　额:¥585 000.00 |
| 用　途:购设备 A |

单位主管　黄华　　　　会计马丽

　　(23) 2016 年 12 月 7 日,企业自营构建公寓楼,购买工程物资,以银行存款支付。资料见表 5 - 65、表 5 - 66、表 5 - 67、表 5 - 68。

表 5－65

山东省增值税专用发票

开票日期:2016 年 12 月 7 日　　　　　　No 4263585

购货单位	名　　称:优卡股份有限公司
	纳税人登记号:370900000000898
	地址、电话:泰安市高新区南天街 50 号
	开户银行及账号:中国农业银行高新区支行 95599007766688888888

密码区　（略）

商品或劳务名称	计量单位	数量	单价	金额 千 百 十 万 千 百 十 元 角 分	税率/%	税额 千 百 十 万 千 百 十 元 角 分
钢材	吨	10	30 000	3 0 0 0 0 0 0 0	17	5 1 0 0 0 0 0
合　计				¥ 3 0 0 0 0 0 0 0	17	¥ 5 1 0 0 0 0 0
价税合计(大写)	叁拾伍万壹仟元整				¥351 000.00	

销货单位	名　　称:泰安建筑材料公司
	纳税人登记号:370900000000907
	地址、电话:泰安市岱宗大街西段
	开户银行及账号:中国农业银行高新区支行 95599007766688888888

备注 泰安建筑材料公司 370900000000907 发票专业章

第三联 发票联

开票人:高天　　　收款人:李海　　　　复核:王涛　　　　销货单位(章)

表 5－66

山东省增值税专用发票

开票日期:2016 年 12 月 7 日　　　　　　No 4263585

购货单位	名　　称:优卡股份有限公司
	纳税人登记号:370900000000898
	地址、电话:泰安市高新区南天街 50 号
	开户银行及账号:中国农业银行高新区支行 95599007766688888888

密码区　（略）

商品或劳务名称	计量单位	数量	单价	金额 千 百 十 万 千 百 十 元 角 分	税率/%	税额 千 百 十 万 千 百 十 元 角 分
钢材	吨	10	30 000	3 0 0 0 0 0 0 0	17	5 1 0 0 0 0 0
合　计				¥ 3 0 0 0 0 0 0 0	17	¥ 5 1 0 0 0 0 0
价税合计(大写)	叁拾伍万壹仟元整				¥351 000.00	

销货单位	名　　称:泰安建筑材料公司
	纳税人登记号:370900000000907
	地址、电话:泰安市岱宗大街西段
	开户银行及账号:中国农业银行高新区支行 95599007766688888888

备注 泰安建筑材料公司 370900000000907 发票专业章

第二联 抵扣联

开票人:高天　　　收款人:李海　　　　复核:王涛　　　　销货单位(章)

表 5－67

中国农业银行转账支票存根

支票号码　NO. 08872827

科　　目＿＿＿＿＿＿＿＿＿＿＿＿＿

对方科目＿＿＿＿＿＿＿＿＿＿＿＿＿

出票日期 2016 年 12 月 7 日

收款人:泰安建筑材料公司
金　　额:￥351 000.00
用　　途:购钢材

单位主管:黄华　　　　　会计:马丽

表 5－68

工程物资入库单

2016 年 12 月 7 日　　　　　　　　　　字 第 0025 号

供应单位:泰安建筑材料公司　　　　　　　　　　仓库:4 号

材料编号	名称	规格	计量单位	数量		实际成本					记账联
				应收	实收	买价		运杂费	税金及其他	合计	
						单价	金额				
0025	钢材		吨	10	10	30 000.00	300 000.00			300 000.00	

仓库负责人:李梦　　　　　　记账:马丽　　　　　　仓库保管员:李瑞

（24）2016 年 12 月 8 日,公寓楼工程领用工程物资钢材 10 吨。资料见表 5－69。

表 5－69

工程物资领料单

领料部门:基建部门　　　开票日期:2016 年 12 月 8 日　　　字第 0025 号

材料编号	工程物资名称	规格	单位	请领数量	实发数量	金额
0025	钢材		吨	10	10	300 000.00

用途 公寓楼工程用	领料部门		发料部门	
	领料单位负责人	领料人	核准人	发料人
	李力	李红		李瑞

（25）2016 年 12 月 8 日,生产领用材料,相关资料见表 5－70、表 5－71。

表 5－70

领 料 单

领料部门:基本生产车间　　　开票日期:2016 年 12 月 8 日　　　字第 0027 号

材料编号	材料名称	规格	单位	请领数量	实发数量	计划成本	
						计划单价	金额
003	乙材料		吨	5 吨	5 吨	46 000	230 000

用途	领料部门		发料部门	
生产仪表用 2 吨 生产锚护机具用 3 吨	领料单位负责人	领料人	核准人	发料人
	丁同	卞强		田凯

第二联　会计记账联

表 5－71

领 料 单

领料部门:基本生产车间　　　开票日期:2016 年 12 月 8 日　　　字第 0028 号

材料编号	材料名称	规格	单位	请领数量	实发数量	计划成本	
						计划单价	金额
002	丙材料		吨	5 吨	5 吨	10 000	50 000

用途	领料部门		发料部门	
生产仪表用 1 吨 生产锚护机具用 4 吨	领料单位负责人	领料人	核准人	发料人
	丁同	卞强		田凯

第二联　会计记账联

（26）2016 年 12 月 8 日,领用工作服,相关资料见表 5－72、表 5－73。

表 5－72

领 料 单

领料部门:基本生产车间　　　开票日期:2016 年 12 月 8 日　　　字第 0029 号

材料编号	材料名称	规格	单位	请领数量	实发数量	数量	
						实际单价	金额
004	工作服		套	200 套	200 套	300	60 000

用途	领料部门		发料部门	
基本生产车间人员领用	领料单位负责人	领料人	核准人	发料人
	丁同	卞强		

第二联　会计记账联

表 5－73

领 料 单

领料部门:辅助生产车间　　　开票日期:2016 年 12 月 8 日　　　字第 0030 号

材料编号	材料名称	规格	单位	请领数量	实发数量	数量	
						实际单价	金额
004	工作服		套	10 套	10 套	250	2 500

用途	领料部门		发料部门	
辅助生产车间人员领用	领料单位负责人	领料人	核准人	发料人

第二联　会计记账联

(27) 2016 年 12 月 8 日，优卡股份有限公司与泰安宏运公司达成非货币性资产交换协议。资料见表 5-74、表 5-75、表 5-76、表 5-77、表 5-78、表 5-79。

表 5-74

非货币性资产交换协议书

优卡股份有限公司以 1 台设备换入泰安宏运公司的丁材料 8 件。

优卡股份有限公司设备账面原价 50 000 元，已提折旧 20 000 元，公允价值 40 000 元。

泰安宏运公司 8 件丁材料账面价值 45 000 元，公允价值 40 000 元。

双方资产的计税价格均等于公允价值，双方适用增值税税率均为 17％，均未对资产计提减值准备。优卡股份有限公司与泰安宏运公司不存在关联关系。

本协议自双方签字起开始生效。

优卡股份有限公司
2016 年 12 月 8 日

泰安宏运公司
2016 年 12 月 8 日

表 5-75

山东省增值税专用发票

开票日期：2016 年 12 月 8 日　　　No 3173487

购货单位	名　称：泰安宏运公司 纳税人登记号：307985069862329 地址、电话：泰安市迎宾路 168 号 开户行及账号：工商银行岱岳区支行 53000068666							密码区	（略）		
商品或劳务名称	计量单位	数量	单价	金　额 千百十万千百十元角分		税率％	税　额 千百十万千百十元角分				
设备	台	1	40 000	４０００００		17	６８０００				
合　计				￥４０００００		17	￥６８０００				
价税合计（大写）	肆万陆仟捌佰元整						￥46 800.00				
销货单位	名　称：优卡股份有限公司 纳税人登记号：370900000000898 地址、电话：泰安市高新区南天街 50 号 开户银行及账号：中国农业银行高新区支行 95599007766688888888							注			

开票人：马强　　　收款人：田丽　　　复核：前程　　　销货单位（章）

表 5-76

固定资产调拨单

调出单位：优卡股份有限公司

调入单位：泰安宏运公司　　　　　　2016 年 12 月 8 日　　　　　　　　　调拨单号：

调拨资产名称		调出原因		非货币性资产交换		调拨方式	有偿		
固定资产名称	规格及型号	单位	数量	预计使用年限	已使用年限	原值	已提折旧	净值	公允价值
设备		台	1	5	2	50 000	20 000	30 000	40 000

调出单位	调入单位	备　注
公章： 财务： 经办：	公章： 财务： 经办：	

表 5-77

山东省增值税专用发票

开票日期：2016 年 12 月 8 日　　　　　　No 393589

购货单位	名　　称：优卡股份有限公司		密码区	（略）
	纳税人登记号：370900000000898			
	地址、电话：泰安市高新区南天街 50 号			
	开户银行及账号：中国农业银行高新区支行 95599007766688888888			

商品或劳务名称	计量单位	数量	单价	金额 千百十万千百十元角分	税率 %	税额 千百十万千百十元角分
丁材料	件	8	5 000	4 0 0 0 0 0 0	17	6 8 0 0 0 0
合　计				￥4 0 0 0 0 0 0	17	￥6 8 0 0 0 0
价税合计（大写）	肆万陆仟捌佰元整				￥46 800.00	

销货单位	名　　称：泰安宏运公司
	纳税人登记号：307985069862329
	地址、电话：泰安市迎宾路 168 号
	开户行及账号：工商银行岱岳区支行 53000068666

开票人：章强　　　收款人：孙力　　　复核：田红　　　销货单位（章）

表 5-78

山东省增值税专用发票

开票日期:2016 年 12 月 8 日　　　　　　No 3963589

购货单位	名　称:优卡股份有限公司 纳税人登记号:370900000000898 地　址、电话:泰安市高新区南天街 50 号 开户银行及账号:中国农业银行高新区支行 95599007766688888888		密码区	（略）	

商品或劳务名称	计量单位	数量	单价	金　额 千百十万千百十元角分	税率%/	税　额 千百十万千百十元角分
丁材料	件	8	5 000	4 0 0 0 0 0 0	17	6 8 0 0 0 0
合　计				￥4 0 0 0 0 0	17	￥　6 8 0 0 0 0

价税合计(大写)	肆万陆仟捌佰元整	￥46 800.00

销货单位	名　称:泰安宏运公司 纳税人登记号:307985069862329 地　址、电话:泰安市迎宾路 168 号 开户行及账号:工商银行岱岳区支行 53000068666	泰安宏运公司 370985069862329 发票专业章

开票人:章强　　　收款人:孙力　　　复核:田红　　　　　　销货单位(章)

表 5-79

收 料 单

2016 年 12 月 8 日　　　　　　　　收字 第 029 号

供应单位:泰安宏运公司　　　　　　　　材料类别:原料及主要材料

材料编号	名称	规格	计量单位	数量		实际成本						
				应收	实收	买价		运杂费	其他	合计	单位成本	金额
						单价	金额					
006	丁材料		件	8	8	5 000.00	40 000.00			40 000.00	5 000.00	40 000.00
差异					0							

仓库负责人:马翔　　　记账:马丽　　　仓库保管员:王刚　　　收料:田凯

(28) 2016 年 12 月 8 日,从山东科技大学设计研究院购入综采锚护技术专利权,以银行存款进行结算,相关资料见表 5-80、表 5-81、表 5-82、表 5-83。

表 5-80

山东省增值税专用发票

开票日期:2016 年 12 月 8 日　　　　No 0912378927

购买单位	名　　称:优卡股份有限公司					密码区	（略）
	纳税人登记号:370900000000898						
	地址、电话:泰安市高新区南天街 50 号						
	开户银行及账号:中国农业银行高新区支行 95599007766688888888						

商品或劳务名称	计量单位	数量	单价	金　额 千百十万千百十元角分	税率%	税　额 千百十万千百十元角分
无形资产(专利权)	件	1	600 000	6 0 0 0 0 0 0 0	6	3 6 0 0 0 0 0
合　　计				¥6 0 0 0 0 0 0 0	6	¥3 6 0 0 0 0 0
价税合计(大写)	陆拾叁万陆仟元整					¥636 000.00

销售单位	名　　称:山东科技大学设计研究院
	纳税人登记号:370900000000010
	地址、电话:岱宗大街 223 号
	开户银行及账号:中国农业银行科大支行 95599007766611111120

第二联 抵扣联

开票人:马力　　　　收款人:田天　　　　复核:前利　　　　销货单位(章)

表 5-81

山东省增值税专用发票

开票日期:2016 年 12 月 8 日　　　　No 0912378927

购买单位	名　　称:优卡股份有限公司					密码区	（略）
	纳税人登记号:370900000000898						
	地址、电话:泰安市高新区南天街 50 号						
	开户银行及账号:中国农业银行高新区支行 95599007766688888888						

商品或劳务名称	计量单位	数量	单价	金　额 千百十万千百十元角分	税率%	税　额 千百十万千百十元角分
无形资产(专利权)	件	1	600 000	6 0 0 0 0 0 0 0	6	3 6 0 0 0 0 0
合　　计				¥6 0 0 0 0 0 0 0	6	¥3 6 0 0 0 0 0
价税合计(大写)	陆拾叁万陆仟元整					¥636 000.00

销售单位	名　　称:山东科技大学设计研究院
	纳税人登记号:370900000000010
	地址、电话:岱宗大街 223 号
	开户银行及账号:中国农业银行科大支行 95599007766611111120

第三联 发票联

开票人:马力　　　　收款人:田天　　　　复核:前利　　　　销货单位(章)

表 5－82

无形资产入账通知单

2016 年 12 月 8 日

编号：05019

类别	编号	名称	数量	入账价值	摊销额		预计使用年限	累计摊销额	入账原因
					年摊销额	月摊销额			
专利权		综采锚护技术专利	1	600 000	60 000	5 000	10		外购

批准：黄化强　　　　　　　　会计主管：黄华　　　　　　　　制单：刘莉

表 5－83

中国农业银行转账支票存根

支票号码　NO. 31772889

科　　目＿＿＿＿＿＿＿＿＿＿

对方科目＿＿＿＿＿＿＿＿＿＿

出票日期 2016 年 12 月 8 日

收款人：山东科技大学设研究院
金　额：￥636 000.00
用　途：购专利权

单位主管　黄华　　　　会计马丽

（29）2016 年 12 月 8 日，领用材料，相关资料见表 5－84、表 5－85、表 5－86、表 5－87。

表 5－84

领 料 单

领料部门：基本生产车间　　　　开票日期：2016 年 12 月 8 日　　　　字第 0031 号

材料编号	材料名称	规格	单位	请领数量	实发数量	计划成本	
						计划单价	金额
001	甲材料		吨	20 吨	20 吨	50 000	1 000 000

用途	领料部门		发料部门	
生产仪表用 5 吨	领料单位负责人	领料人	核准人	发料人
生产锚护机具用 15 吨	丁同	卞强		田凯

第二联　会计记账联

表 5－85

领 料 单

领料部门:辅助生产车间　　　　开票日期:2016 年 12 月 8 日　　　　字第 0033 号

材料编号	材料名称	规格	单位	请领数量	实发数量	计划成本	
						计划单价	金额
006	丁材料		件	20	20	5 000	100 000
用途			领料部门			发料部门	
辅助生产车间生产经营用:16 件			领料单位负责人	领料人	核准人		发料人
辅助生产车间一般耗用:4 件			丁同	卞强			田凯

表 5－86

领 料 单

领料部门:基本生产车间　　　　开票日期:2016 年 12 月 8 日　　　　字第 0032 号

材料编号	材料名称	规格	单位	请领数量	实发数量	数量	
						实际单价	金额
005	量具		件	10 件	10 件	5 000	50 000
用途			领料部门			发料部门	
管理使用			领料单位负责人	领料人	核准人		发料人
			丁同	卞强			田凯

表 5－87

领 料 单

领料部门:办公室　　　　开票日期:2016 年 12 月 8 日　　　　字第 0034 号

材料编号	材料名称	规格	单位	请领数量	实发数量	数量	
						实际单价	金额
005	量具		件	2 件	2 件	5 000	10 000
用途			领料部门			发料部门	
管理使用			领料单位负责人	领料人	核准人		发料人
			丁同	卞强			田凯

（30）2016 年 12 月 8 日,优卡股份有限公司与泰安宏运公司达成非货币性资产交换协议。资料见表 5－88、表 5－89、表 5－90、表 5－91、表 5－92、表 5－93。

表 5－88

非货币性资产交换协议书

优卡股份有限公司以一项仪表专利 A 换入泰安宏运公司的量具 100 件。

优卡股份有限公司仪表专利 A 账面余额 600 000 元,已计提摊销 15 000 元,公允价值 551 886.80 元。

泰安宏运公司 100 件量具账面价值 440 000 元,公允价值 500 000 元。

双方资产的计税价格均等于公允价值,泰安宏运公司适用增值税税率均为 17%,双方均未对资产计提减值准备。优卡股份有限公司与泰安宏运公司不存在关联关系。假设交换过程中不考虑增值税以外的其他税费。

本协议自双方签字起开始生效。

优卡股份有限公司
2016 年 12 月 8 日

泰安宏运公司
2016 年 12 月 8 日

表 5－89

无形资产出账通知单

2016 年 12 月 8 日

编号:02091

类别	编号	名称	数量	账面余额	摊销额		已使用年限	累计摊销额	出账原因
					年摊销额	月摊销额			
专利权		仪表专利 A	1	600 000	15 000	1 250	1	15 000	非货币性资产交换

批准:黄化强   会计主管:黄华   制单:刘莉

表 5-90

山东省增值税专用发票

开票日期:2016 年 12 月 8 日　　　　No 3173487

购货单位	名　　称:泰安宏运公司														密码区	（略）									
	纳税人登记号:307985069862329																								
	地　址、电话:泰安市迎宾路 168 号																								
	开户行及账号:工商银行岱岳区支行 53000068666																								

商品或劳务名称	计量单位	数量	单价	金额									税率%	税额									
				千	百	十	万	千	百	十	元	角	分		千	百	十	万	千	百	十	元	角	分
仪表专利 A	件	1			5	5	1	8	8	6	8	0	6			3	3	1	1	3	2	0
合　　计				￥	5	5	1	8	8	6	8	0	6	￥		3	3	1	1	3	2	0
价税合计（大写）	伍拾捌万伍仟元整												￥585 000.00									

销货单位	名　　称:优卡股份有限公司	备注
	纳税人登记号:370900000000898	
	地　址、电话:泰安市高新区南天街 50 号	
	开户银行及账号:中国农业银行高新区支行 95599007766688888888	

第一联 记账联

开票人:马强　　　收款人:田丽　　　复核:前程　　　销货单位（章）

表 5-91

山东省增值税专用发票

开票日期:2016 年 12 月 8 日　　　　No 2063578

购货单位	名　　称:优卡股份有限公司														密码区	（略）									
	纳税人登记号:370900000000898																								
	地　址、电话:泰安市高新区南天街 50 号																								
	开户银行及账号:中国农业银行高新区支行 95599007766688888888																								

商品或劳务名称	计量单位	数量	单价	金额									税率%	税额									
				千	百	十	万	千	百	十	元	角	分		千	百	十	万	千	百	十	元	角	分
量具	件	100	5 000		5	0	0	0	0	0	0	0	17			8	5	8	0	0	0	0
合　　计				￥	5	0	0	0	0	0	0	0	17	￥		8	5	8	0	0	0	0
价税合计（大写）	伍拾捌万伍仟元整												￥585 000.00									

销货单位	名　　称:泰安宏运公司	备注
	纳税人登记号:307985069862329	
	地　址、电话:泰安市迎宾路 168 号	
	开户行及账号:工商银行岱岳区支行 53000068666	

第三联 发票联

开票人:李红　　　收款人:丁同　　　复核:高强　　　销货单位（章）

表 5 - 92

山东省增值税专用发票

开票日期:2016 年 12 月 8 日　　　　No 2063578

购货单位	名　　称:优卡股份有限公司 纳税人登记号:370900000000898 地　址、电话:泰安市高新区南天街 50 号 开户银行及账号:中国农业银行高新区支行 95599007766688888888	密码区	（略）

商品或劳务名称	计量单位	数量	单价	金　额 千百十万千百十元角分	税率%	税　额 千百十万千百十元角分
量具	件	100	5 000	5 0 0 0 0 0 0 0	17	8 5 8 0 0 0 0
合　计				￥5 0 0 0 0 0 0 0	17	￥8 5 8 0 0 0 0
价税合计（大写）　　伍拾捌万伍仟元整						￥585 000.00

销货单位	名　　称:泰安宏运公司 纳税人登记号:307985069862329 地　址、电话:泰安市迎宾路 168 号 开户行及账号:工商银行岱岳区支行 53000068666

开票人:李红　　　收款人:丁同　　　　复核:高强　　　　　　销货单位(章)

第二联 抵扣联

表 5 - 93

收 料 单

2016 年 12 月 8 日　　　　　　　字 第 047 号

供应单位:泰安宏运公司　　　　　　　　　　　材料类别:周转材料

材料编号	名称	规格	计量单位	数量		实际成本				合计
				应收	实收	买价		运杂费	其他	
						单价	金额			
005	量具		件	100	100	5 000	500 000			500 000

仓库负责人:马翔　　　记账:马丽　　　仓库保管员:王刚　　　收料:田凯

记账联

（31）2016 年 12 月 8 日,优卡股份有限公司向中国农业银行借入期限 6 个月的借款 500 000 元,年利率为 6%,利息到期与本金一起归还,资料见表 5－94、表 5－95。

表 5－94

中国农业银行借款合同

借款方(简称甲方):优卡股份有限公司

贷款方(简称乙方):中国农业银行泰山区支行

担保方:泰山股份有限公司

甲方为进行生产(或经营活动),向乙方申请借款,并聘请长江公司作为保证人,乙方也已审查批准,经三方(或双方协商),特订立本合同,以便共同遵守。

第一条　贷款种类:短期贷款

第二条　借款用途:临时资金周转

第三条　借款金额人民币(大写):伍拾万元整。

第四条　借款利率为 6%,利息随本金一起偿还,如遇国家调整利率,按新规定计算。

第五条　借款和还款期限:借款日期 2016 年 12 月 8 日,还款日期为 2017 年 6 月 8 日。

第六条　还款资金来源:

　　　　1. 还款资金来源:营业收入

　　　　2. 还款方式:转账

第七条　保证条款(略)

第八条　违约责任(略)

本合同正本一式三份,贷款方、借款方、保证方各执一份;合同副本一式,报送等有关单位(如经公证或鉴证,应送公证或鉴证机关)各留存一份。

法定代表人(签字)黄化强

借款方:(签字):

2016 年 12 月 8 日

法定代表人(签字)王庆国

贷款方:(签字):

2016 年 12 月 8 日

法定代表人(签字)张一山

保证方:(签字):

2016 年 12 月 8 日

表 5－95

中国农业银行借款借据(收账通知)

借款企业名称:优卡股份有限公司　　　　2016 年 12 月 8 日

贷款种类	短期贷款	借款人	存款户名	优卡股份有限公司									
贷款账号	8559900777634265912154		账　号	95599007766688888888									
			开户银行	中国农业银行高新区支行									
借款金额:人民币(大写)伍拾万元整				千	百	十	万	千	百	十	元	角	分
					¥	5	0	0	0	0	0	0	0
用途	临时资金周转		单位分录 (借)										
约定还款期限:期限 6 个月,股 2017 年 6 月 8 日到期			(贷)										
上列款项已批准发放,转入你单位存款账户。 此致 单位			单位主管　会计　复核　记账 2016 年 12 月 8 日										

(32) 2016 年 12 月 8 日,优卡股份有限公司从泰安机电公司采购电气元件一批,款项未付,材料已经验收入库。对方给出 2/10,1/20,n/30 的现金折扣条件,折扣不包括增值税,资料见表 5－96、表 5－97、表 5－98、表 5－99。

表 5－96

山东省增值税专用发票

开票日期:2016 年 12 月 8 日　　　　No 44067890

| 购货单位 | 名　　称:优卡股份有限公司 纳税人登记号:3709000000000898 地　址、电话:泰安市高新区南天街 50 号 开户行及账号:中国农业银行高新区支行 95599007766688888888 | | | | 密码区 | | | (略) | | | | | | | |

商品或劳务名称	计量单位	数量	单价	金　　额								税率%	税　额							
				千	百	十	万	千	百	十	元	角	分		千	百	十	万	千	百	十	元	角	分
电气元件	件	100	2 100			2	1	0	0	0	0	0	0	17				3	5	7	0	0	0	0
合　　计				¥		2	1	0	0	0	0	0	0	17	¥			3	5	7	0	0	0	0
价税合计(大写)　　　　贰拾肆万伍仟柒佰元整									¥245 700.00															

| 销货单位 | 名　　称:泰安机电公司 纳税人登记号:370010272213159 地　址、电话:泰安市岱宗大街 19 号 开户银行及账号:工商银行岱宗支行　4567120000567812 | |

开票人:李霞　　　　收款人:　　　　复核:张平　　　　销货单位(章)

表 5 - 97

山东省增值税专用发票

开票日期:2016 年 12 月 8 日　　　　　No 44067890

购货单位	名　　称:优卡股份有限公司								密码区	（略）		
	纳税人登记号:3709000000000898											
	地址、电话:泰安市高新区南天街 50 号											
	开户行及账号:中国农业银行高新区支行 95599007766688888888											

商品或劳务名称	计量单位	数量	单价	金额 千百十万千百十元角分	税率%	税额 千百十万千百十元角分
电气元件	件	100	2 100	２ １ ０ ０ ０ ０ ０ ０	17	３ ５ ７ ０ ０ ０ ０
合　　计				￥ ２ １ ０ ０ ０ ０ ０ ０	17	￥ ３ ５ ７ ０ ０ ０ ０
价税合计(大写)	贰拾肆万伍仟柒佰元整			￥245 700.00		

销货单位	名　　称:泰安机电公司
	纳税人登记号:370010272213159
	地址、电话:泰安市岱宗大街 19 号
	开户银行及账号:工商银行岱宗支行　4567120000567812

开票人:李霞　　　　收款人:　　　　复核:张平　　　　　　销货单位(章)

表 5 - 98

现金折扣协议

　　泰安机电公司给予优卡股份有限公司现金折扣"2/10,1/20,n/30";泰安机电公司与优卡股份有限公司达成协议,计算现金折扣时不考虑增值税、运杂费。

2016 年 12 月 8 日　　　　　　　　　2016 年 12 月 8 日

表 5－99

收 料 单

收字 第 047 号

供应单位:泰安宏运公司　　　　　2016 年 12 月 8 日　　　　　材料类别:原料及主要材料

材料编号	名称	规格	计量单位	数量		实际成本							记账联
				应收	实收	买价		运杂费	其他	合计	单位成本	金额	
						单价	金额						
016	电气元件		件	100	100	2 100.00	210 000.00			210 000.00	2 000.00	200 000.00	
差异				超支:10 000 元									

仓库负责人:马翔　　　　　记账:马丽　　　　　仓库保管员:王刚　　　　　收料:田凯

（33）2016 年 12 月 8 日缴纳 11 月份的增值税,资料见表 5－100。

表 5－100

中华人民共和国税收通用缴款书

隶属关系:　　　　　　　　　　　　　　　　　鲁国缴字 10002269　　国

注册类型:股份有限公司　　　填发日期:2016 年 12 月 8 日　征收机关:泰安市高新区国税局

缴款单位(人)	代　码	370900000000898	预算科目	编　码	20111215	第一联（收据）国库（银行）收款盖章后退交款单位（个人）作完税凭证
	全　称	优卡股份有限公司		名　称	企业增值税	
	开户银行	中国农业银行高新区支行		级　次	省级	
	账　号	955990077666688888888		收缴国库	泰安支库	

税款所属时间:2016 年 11 月 1 日—2016 年 11 月 30 日　　　税款限缴日期:2016 年 12 月 8 日

品目名称	课税数量	计税金额或销售收入	税率或单位税额	已缴或扣除额	实缴金额
增值税		5 611 764.71	17％		￥954 000
金额合计		人民币(大写)玖拾伍万肆仟元整			
缴款单位(人)（盖章）		税务机关（盖章）填票人(章)		上列款项已收妥并划转收款单位账户国库(银行)盖章 2016 年 12 月 8 日	
经办人(章)					

（34）2016 年 12 月 8 日从银行提取现金 2 000 元，备用，资料见表 5－101。

表 5－101

中国农业银行现金支票存根

支票号码　NO. 09872606

科　目＿＿＿＿＿＿＿＿＿

对方科目＿＿＿＿＿＿＿＿

出票日期 2016 年 12 月 8 日

| 收款人：优卡股份有限公司 |
| 金　额：¥ 2 000.00 |
| 用　途：备用 |

单位主管：黄华　　　　会计：马丽

（35）2016 年 12 月 8 日计算并缴纳 11 月份的城建税及教育附加，资料见表 5－102、表 5－103。

表 5－102

中华人民共和国税收通用缴款书

隶属关系：　　　　　　　　　　　　　　　　　　鲁地缴字 10002260　　地

注册类型：股份有限公司　　填发日期：2016 年 12 月 8 日　　征收机关：泰安市岱岳区地税局

缴款单位（人）	代　码	370900000000898	预算科目	编　码	20111216
	全　称	优卡股份有限公司		名　称	城市维护建设税
	开户银行	中国农业银行高新区支行		级　次	市级
	账　号	95599007766688888888		收缴国库	泰安支库

| 税款所属时间：2016 年 11 月 1 日—30 日 | | | 税款限缴日期：2016 年 12 月 8 日 | |

品目名称	课税数量	计税金额或销售收入	税率或单位税额	已缴或扣除额	实缴金额
城市维护建设税		954 000	7％		¥66 780
金额合计	人民币（大写）陆万陆仟柒佰捌拾元整				
缴款单位（人）（盖章）	税务机关（盖章）填票人（章）		上列款项已收妥并划转收款单位账户国库（银行）盖章 2016 年 12 月 8 日		
经办人（章）					

第一联（收据）国库（银行）收款盖章后退交款单位（个人）作完税凭证

表 5－103

中华人民共和国税收通用缴款书

隶属关系：
　　　　　　　　　　　　　　　　　　　　　　　　　鲁地缴字 10002260　　地

注册类型：股份有限公司　　　填发日期：2016 年 12 月 8 日　征收机关：泰安市岱岳区地税局

缴款单位（人）	代　　码	370900000000898	预算科目	编　　码	20161216
	全　　称	优卡股份有限公司		名　　称	教育费附加
	开户银行	中国农业银行高新区支行		级　　次	市级
	账　　号	95599007766688888888	收缴国库		泰安支库

税款所属时间：2016 年 11 月 1 日—30 日　　　　　税款限缴日期：2016 年 12 月 8 日

品目名称	课税数量	计税金额或销售收入	税率或单位税额	已缴或扣除额	实缴金额
教育费附加		954 000	3‰		￥28 620
金额合计		人民币（大写）贰万捌仟陆佰贰拾元整			

缴款单位（人）（盖章）

税务机关（盖章）

填票人（章）

经办人（章）

上列款项已收妥并划转收款单位账户
国库（银行）盖章
2016 年 12 月 8 日

（36）2016 年 12 月 8 日将 11 月份的工资转到职工的工资卡，资料见表 5－104、表 5－105。

表 5－104

中国农业银行转账支票存根

支票号码　NO. 08872602

科　　目 ＿＿＿＿＿＿＿＿＿＿

对方科目 ＿＿＿＿＿＿＿＿＿＿

出票日期 2016 年 12 月 8 日

| 收款人：优卡股份有限公司 |
| 金　额：￥1 258 400.00 |
| 用　途：支付工资 |

单位主管：黄华　　　　　会计：马丽

表 5-105

工资结算汇总表

2016 年 11 月

单位:元

车间或部门		计时工资	计件工资	奖金	津贴补贴	缺勤扣款	应付工资	代 扣 款			实发工资
								水费	保险费	公积金	
基本车间	生产	600 000	200 000	80 000	20 000	22 000	878 000	30 000	20 000	87 800	740 200
	管理	200 000		40 000	10 000	12 000	238 000	20 000	10 000	23 800	184 200
辅助车间	生产	100 000	100 000	60 000	50 000	20 000	290 000	40 000	30 000	29 000	191 000
	管理	10 000		30 000	20 000	10 000	50 000	10 000	12 000	5 000	23 000
公司管理人员		40 000		50 000	30 000		120 000	30 000	25 000	12 000	53 000
专设销售机构		60 000		40 000	30 000		130 000	30 000	20 000	13 000	67 000
合　计		1 010 000	300 000	300 000	160 000	64 000	1 706 000	160 000	117 000	170 600	1 258 400

会计主管:黄华　　　　　　　　人力资源部:汪海　　　　　　　　制单:刘莉

（37）2016 年 12 月 8 日,开出转账支票支付职工电脑技术培训费 50 000 元,资料见表 5-106、表 5-107。

表 5-106

山东省行政事业单位统一收据

2016 年 12 月 8 日　　　　　　　　第 021 号

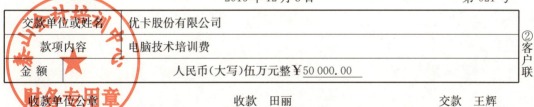

交款单位或姓名	优卡股份有限公司	② 客户联
款项内容	电脑技术培训费	
金　额	人民币(大写)伍万元整 ¥50 000.00	

收款单位公章　　　　　　　收款　田丽　　　　　　　交款　王辉

表 5-107

中国农业银行转账支票存根

支票号码　NO. 08872625

科　　目＿＿＿＿＿＿＿＿＿＿

对方科目＿＿＿＿＿＿＿＿＿＿

出票日期 2016 年 12 月 8 日

收款人:泰安电脑培训中心
金　额：¥5 000.00
用　途:电脑技术培训费

单位主管　黄华　　　　会计　马丽

（38）2016 年 12 月 8 日,销售锚护机具 4 套,产品已发运,当天办妥委托收款手续。相关资料见表 5－108、表 5－109、表 5－110、表 5－111。

表 5－108

⑭中国农业银行托收承付凭证(回单)1

第 8 号

委托日期 2016 年 12 月 8 日　　　　　　　　托收号码:3230

	承付期限
	到期 2016 年 12 月 17 日

收款人	全　称	优卡股份有限公司	付款人	全　称	兖州矿业集团
	账　号	95599007766688888888		账　号	85599007766688899908
	开户银行	中国农业银行高新区支行		开户银行	工商行邹城市支行

委托金额	人民币(大写)贰佰叁拾肆万捌元整	千	百	十	万	千	百	十	元	角	分
		¥	2	3	4	8	0	0	0	0	0

款项内容	货款	委托收款凭证名称	销售发票	附寄单证张数	1
货物发运情况		已发运		合同号	16329

备注:	款项收妥日期		
	年　月　日	(收款人开户银行盖章) 2016 年 12 月 8 日	

此联收付款人开户银行给收款单位的回单

表 5－109

商品出库单

编号:1003

2016 年 12 月 8 日　　　　　　　　产成品库:1

产品或物品名称	规　格	计量单位	数　量	单　价	金　额	备　注
锚护机具		套	4			出售
合　计			4			

记账:马丽　　　　仓库保管员:王刚　　　　复核:马翔　　　　制单:王华

第二联　记账联

表 5－110

山东省增值税专用发票

开票日期:2016 年 12 月 8 日　　　　No　3173486

购货单位	名　称:兖州矿业集团 纳税人登记号:954585069862329 地　址、电　话:皱城市兖矿路 168 号 开户行及账号:工商行皱城市支行 8559900777666688899908						密码区	（略）	

商品或劳务名称	计量单位	数量	单价	金　额 千百十万千百十元角分	税率%	税　额 千百十万千百十元角分	第一联 记账联
锚护机具	套	4	500 000	￥2 0 0 0 0 0 0 0 0	17	￥3 4 0 0 0 0 0 0	
合　计				￥2 0 0 0 0 0 0 0 0	17	￥3 4 0 0 0 0 0 0	
价税合计(大写)　　贰佰叁拾肆万元整						￥2 340 000.00	

销货单位	名　称:优卡股份有限公司 纳税人登记号:370900000000898 地　址、电　话:泰安市高新区南天街 50 号 开户银行及账号:中国农业银行高新区支行 95599007766688888888	注

开票人:马强　　　收款人:田丽　　　复核:前程　　　　　销货单位(章)

表 5－111

中国农业银行转账支票存根

支票号码　NO. 08872606

科　目_____

对方科目_____

出票日期 2016 年 12 月 8 日

收款人:泰山火车站
金　额:￥8 000.00
用　途:代垫运费

单位主管:黄华　　　会计:马丽

（39）2016 年 12 月 8 日，兑现到期的银行承兑汇票，资料见表 5－112。

表 5－112

委 托 收 款 凭 证（付款通知）5

2016 年 12 月 8 日　　　　　　　　　第 018 号

<table>
<tr><td rowspan="3">付款人</td><td>全　　　称</td><td colspan="3">优卡股份有限公司</td><td rowspan="3">收款人</td><td>全　　　称</td><td colspan="9">北京机械厂</td></tr>
<tr><td>账　　　号</td><td colspan="3">95599007766688888888</td><td>账　　　号</td><td colspan="9">26069002689 5599007776</td></tr>
<tr><td>开户银行</td><td colspan="3">中国农业银行高新区支行</td><td>开户银行</td><td colspan="9">工行海淀区支行</td></tr>
<tr><td colspan="2">委收金额</td><td colspan="3">人民币（大写）伍万元整</td><td>千</td><td>百</td><td>十</td><td>万</td><td>千</td><td>百</td><td>十</td><td>元</td><td>角</td></tr>
<tr><td colspan="2"></td><td colspan="3"></td><td></td><td></td><td>￥5</td><td>0</td><td>0</td><td>0</td><td>0</td><td>0</td><td>0</td></tr>
<tr><td colspan="2">款项性质</td><td colspan="2">银行承兑汇票款</td><td></td><td colspan="9" rowspan="4">根据协议上列款项已由付款单位开户行付出。

收款人开户行盖章</td></tr>
<tr><td colspan="2">委托收款
凭据名称</td><td>银行承
兑汇票</td><td>附寄单
证张数</td><td>1</td></tr>
<tr><td colspan="2">备注：</td><td colspan="2"></td><td></td></tr>
<tr><td colspan="2">单位主管　　会计　　复核　　记账</td><td colspan="2"></td><td></td></tr>
</table>

此联是付款人开户银行交给付款人付账通知

（40）2016 年 12 月 9 日，生产领用材料，相关资料见表 5－113、表 5－114、表 5－115。

表 5－113

领 料 单

领料部门：基本生产车间　　　开票日期：2016 年 12 月 9 日　　　　字第 0045 号

<table>
<tr><td rowspan="2">材料编号</td><td rowspan="2">材料名称</td><td rowspan="2">规格</td><td rowspan="2">单位</td><td>请领</td><td>实发</td><td colspan="2">计划成本</td></tr>
<tr><td>数量</td><td>数量</td><td>计划单价</td><td>金额</td></tr>
<tr><td>003</td><td>乙材料</td><td></td><td>吨</td><td>10 吨</td><td>10 吨</td><td>46 000</td><td>460 000</td></tr>
<tr><td></td><td></td><td></td><td></td><td></td><td></td><td></td><td></td></tr>
<tr><td colspan="2">用途</td><td colspan="3">领料部门</td><td colspan="3">发料部门</td></tr>
<tr><td colspan="2" rowspan="2">生产仪表用 2 吨
生产锚护机具用 8 吨</td><td colspan="2">领料单位负责人</td><td>领料人</td><td colspan="2">核准人</td><td>发料人</td></tr>
<tr><td colspan="2">丁同</td><td>卞强</td><td colspan="2"></td><td>田凯</td></tr>
</table>

第二联　会计记账联

表 5‑114

领 料 单

领料部门:基本生产车间　　　　开票日期:2016 年 12 月 9 日　　　　字第 0046 号

材料编号	材料名称	规格	单位	请领数量	实发数量	计划成本	
						计划单价	金额
0016	电气元件		件	50	50	2 000	100 000

用途	领料部门		发料部门	
生产仪表用 40 件 生产锚护机具用 10 件	领料单位负责人	领料人	核准人	发料人
	丁同	卞强		田凯

第二联 会计记账联

表 5‑115

领 料 单

领料部门:辅助生产车间　　　　开票日期:2016 年 12 月 9 日　　　　字第 0047 号

材料编号	材料名称	规格	单位	请领数量	实发数量	计划成本	
						计划单价	金额
0016	电气元件		件	25	25	2 000	50 000

用途	领料部门		发料部门	
生产经营:20 件 车间一般耗用:5 件	领料单位负责人	领料人	核准人	发料人
	丁同	卞强		田凯

第二联 会计记账联

(41) 2016 年 12 月 9 日,领用量具,相关资料见表 5‑116。

表 5‑116

领 料 单

领料部门:基本生产车间　　　　开票日期:2016 年 12 月 9 日　　　　字第 0048 号

材料编号	材料名称	规格	单位	请领数量	实发数量	数量	
						实际单价	金额
005	量具		件	25 件	25 件	5 000	125 000

用途	领料部门		发料部门	
车间生产一般耗用	领料单位负责人	领料人	核准人	发料人
	丁同	卞强		田凯

第二联 会计记账联

(42) 2016 年 12 月 9 日,从北京钢铁公司购入甲材料 25 吨,款未付,相关资料见表 5‑117、表 5‑118、表 5‑119、表 5‑120、表 5‑121、表 5‑122、表 5‑123。

表 5－117

北 京 市 增 值 税 专 用 发 票

开票日期：2016 年 12 月 9 日　　　　　No 3063499

购货单位	名　　　称：优卡股份有限公司
	纳税人登记号：370900000000898
	地 址 、电 话：泰安市高新区南天街 50 号
	开户行及账号：中国农业银行高新区支行　账号：95599007766688888888

密码区　　（略）

商品或劳务名称	计量单位	数量	单价	金　额										税率%	税　额										
				千	百	十	万	千	百	十	元	角	分		千	百	十	万	千	百	十	元	角	分
甲材料	吨	25	50 000		1	2	5	0	0	0	0	0	0	17			2	1	2	5	0	0	0	0
合　　　计				¥	1	2	5	0	0	0	0	0	0	17	¥		2	1	2	5	0	0	0	0

价税合计（大写）	壹佰肆拾陆万贰仟伍佰元整　　　　　　　　¥1 462 500.00

销货单位	名　　　称：北京钢铁公司
	纳税人登记号：100810000000799
	地 址 、电 话：北京市工业路 6677 号
	开户银行及账号：建行西城区支行 65599007776668888899911

第三联 发票联

开票人：李凌　　　收款人：　　　　　复核：李欠　　　　　销货单位（章）

表 5－118

北 京 市 增 值 税 专 用 发 票

开票日期：2016 年 12 月 9 日　　　　　No 3063499

购货单位	名　　　称：优卡股份有限公司
	纳税人登记号：370900000000898
	地 址 、电 话：泰安市高新区南天街 50 号
	开户行及账号：中国农业银行高新区支行　账号：95599007766688888888

密码区　　（略）

商品或劳务名称	计量单位	数量	单价	金　额										税率%	税　额										
				千	百	十	万	千	百	十	元	角	分		千	百	十	万	千	百	十	元	角	分
甲材料	吨	25	50 000		1	2	5	0	0	0	0	0	0	17			2	1	2	5	0	0	0	0
合　　　计				¥	1	2	5	0	0	0	0	0	0	17	¥		2	1	2	5	0	0	0	0

价税合计（大写）	壹佰肆拾陆万贰仟伍佰元整　　　　　　　　¥1 462 500.00

销货单位	名　　　称：北京钢铁公司
	纳税人登记号：100810000000799
	地 址 、电 话：北京市工业路 6677 号
	开户银行及账号：建行西城区支行 65599007776668888899911

第二联 抵扣联

开票人：李凌　　　收款人：　　　　　复核：李欠　　　　　销货单位（章）

表 5－119

北 京 市 增 值 税 专 用 发 票

开票日期：2016 年 12 月 9 日　　　　　No 3063412

购货单位	名　　称：优卡股份有限公司 纳税人登记号：370900000000898 地址、电话：泰安市高新区南天街 50 号 开户行及账号：中国农业银行高新区支行　账号：95599007766688888888	密码区	（略）

商品或劳务名称	计量单位	数量	单价	金　额 千百十万千百十元角分	税率%	税　额 千百十万千百十元角分
货物运输		25	800	2 0 0 0 0 0 0	11	2 2 0 0 0 0
合　　计				￥2 0 0 0 0 0 0	11	￥2 2 0 0 0 0
价税合计（大写）		贰万壹仟贰佰元整				￥22 200.00

销货单位	名　　称：北京火车北站 纳税人登记号：110810000000121 地址、电话：北京市火车路 718 号 开户银行及账号：建行西城区支行 655990077766688899908	

第二联 抵扣联

开票人：李凡　　　收款人：李丽　　　复核：王华　　　销货单位（章）

表 5－120

北 京 市 增 值 税 专 用 发 票

开票日期：2016 年 12 月 9 日　　　　　No 3063412

购货单位	名　　称：优卡股份有限公司 纳税人登记号：370900000000898 地址、电话：泰安市高新区南天街 50 号 开户行及账号：中国农业银行高新区支行　账号：95599007766688888888	密码区	（略）

商品或劳务名称	计量单位	数量	单价	金　额 千百十万千百十元角分	税率%	税　额 千百十万千百十元角分
货物运输		25	800	2 0 0 0 0 0 0	11	2 2 0 0 0 0
合　　计				￥2 0 0 0 0 0 0	11	￥2 2 0 0 0 0
价税合计（大写）		贰万壹仟贰佰元整				￥22 200.00

销货单位	名　　称：北京火车北站 纳税人登记号：110810000000121 地址、电话：北京市火车路 718 号 开户银行及账号：建行西城区支行 655990077766688899908	

第三联 发票联

开票人：李凡　　　收款人：李丽　　　复核：王华　　　销货单位（章）

表 5‑121

收料单

2016 年 12 月 9 日

字 第 032 号

供应单位:北京钢铁公司

材料类别:原料及主要材料

材料编号	名称	规格	计量单位	数量		实际成本					计划成本		记账联
				应收	实收	买价		运杂费	其他	合计	成本	金额	
						单价	金额						
001	甲材料		吨	25	24	50 000.00	1 200 000.00	19 200.00		1 219 200.00	50 000.00	1 200 000.00	
差异				超支差　19 200 元									

仓库负责人:马翔　　　　记账:马丽　　　　仓库保管员:王刚　　　　收料:田凯

表 5‑122

材料损耗报告单

2016 年 12 月 9 日

单位:元

计量单位	材料名称及规格	计量单位	损耗数量	单价	价款	税款	运费	合计	损耗原因	处理意见
北京钢铁公司	甲材料	吨	1	50 000	50 000	8 588	800	59 388	运输部门丢失	由北京火车站赔偿
合计								59 388		

审批:　　　　检验:　　　　仓库保管员:王刚　　　　制单:田凯

表 5‑123

赔偿请求单

2016 年 12 月 9 日

单位:元

货物名称	甲材料	发运单位	北京钢铁公司	票据号码		发运数量	25 吨
价款(元)	增值税		运输费(元)	增值税		到达实收	24 吨
1 250 000.00	212 500.00		20 000.00	2 200.00			
损失品种	甲材料		损失数量	1 吨		要求赔偿金额(元)	59 388
损失原因	该货在北京火车站丢失,系北京火车站负责,请求赔偿价税及运杂费 59 388 元						

请求赔偿单位:优卡股份有限公司　　　　赔偿单位:北京火车站

(43) 2016 年 12 月 10 日,基本生产车间领用电气元件,资料见表 5－124。

表 5－124

领 料 单

领料部门:基本生产车间　　　　　开票日期:2016 年 12 月 10 日　　　　　字第 0049 号

材料编号	材料名称	规格	单位	请领数量	实发数量	计划成本	
						计划单价	金额
0016	电气元件		件	50	50	2 000	100 000
用途		领料部门			发料部门		
生产仪表用 40 件		领料单位负责人	领料人	核准人		发料人	
生产锚护机具用 10 件		丁同	卞强			田凯	

(44) 2016 年 12 月 10 日,管理部门领用工作服,资料见表 5－125。

表 5－125

领 料 单

领料部门:办公室　　　　　开票日期:2016 年 12 月 10 日　　　　　字第 0050 号

材料编号	材料名称	规格	单位	请领数量	实发数量	数量	
						实际单价	金额
004	工作服		套	100 套	100 套	250	25 000
用途		领料部门			发料部门		
管理部门领用		领料单位负责人	领料人	核准人		发料人	
		丁同	卞强			田凯	

(45) 2016 年 12 月 10 日,仪表、锚护机具完工入库,资料见表 5－126。

表 5－126

库存商品(产成品)验收入库单

交库单位:基本生产车间　　　　　2016 年 12 月 10 日　　　　　第 0102 号

产品名称	交验数量	检验结果		实收数量	计量单位	单位成本	金额(元)
		合格	不合格				
仪表	10	10		10	台		
锚护机具	10	10		10	套		
合计							

基本生产车间:刘强　　　　　检验人:李华　　　　　仓库经手人:田凯

(46) 2016 年 12 月 10 日,从泰安北方车辆厂购入货车一辆,以银行存款进行结算,相关资料见表 5－127、表 5－128、表 5－129、表 5－130。

表 5－127

山东省增值税专用发票

开票日期:2016 年 12 月 10 日　　　　　　　　　　No 1063588

购货单位	名　称:优卡股份有限公司														密码区	（略）										第三联 发票联
	纳税人登记号:370900000000898																									
	地　址、电话:泰安市高新区南天街 50 号																									
	开户银行及账号:中国农业银行高新区支行 95599007766688888888																									

商品或劳务名称	计量单位	数量	单价	金　额										税率%	税　额									
				千	百	十	万	千	百	十	元	角	分		千	百	十	万	千	百	十	元	角	分
大货车	辆	1	500 000		5	0	0	0	0	0	0	0	0	17			8	5	0	0	0	0	0	0
合　计				￥	5	0	0	0	0	0	0	0	0	17	￥		8	5	0	0	0	0	0	0
价税合计（大写）	伍拾捌万伍仟元整									￥585 000.00														

销货单位	名　称:泰安北方车辆厂			
	纳税人登记号:370900000000097			
	地　址、电话:泰安市高新区南天街 50 号			
	开户银行及账号:中国农业银行高新区支行　95599007766688899915			

开票人:丁同　　　收款人:王芳　　　　复核:李红　　　　　　销货单位(章)

表 5－128

山东省增值税专用发票

开票日期:2016 年 12 月 10 日　　　　　　　　　　No 1063588

购货单位	名　称:优卡股份有限公司														密码区	（略）										第二联 抵扣联
	纳税人登记号:370900000000898																									
	地　址、电话:泰安市高新区南天街 50 号																									
	开户银行及账号:中国农业银行高新区支行 95599007766688888888																									

商品或劳务名称	计量单位	数量	单价	金　额										税率%	税　额									
				千	百	十	万	千	百	十	元	角	分		千	百	十	万	千	百	十	元	角	分
货车	辆	1	500 000		5	0	0	0	0	0	0	0	0	17			8	5	0	0	0	0	0	0
合　计				￥	5	0	0	0	0	0	0	0	0	17	￥		8	5	0	0	0	0	0	0
价税合计（大写）	伍拾捌万伍仟元整									￥585 000.00														

销货单位	名　称:泰安北方车辆厂			
	纳税人登记号:370900000000097			
	地　址、电话:泰安市高新区南天街 50 号			
	开户银行及账号:中国农业银行高新区支行 95599007766688899915			

开票人:丁同　　　收款人:王芳　　　　复核:李红　　　　　　销货单位(章)

表 5‐129

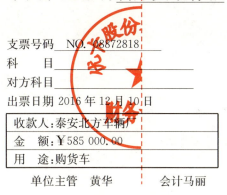

中国农业银行转账支票存根

支票号码　NO. 08872818

科　　目 _____

对方科目 _____

出票日期 2016 年 12 月 10 日

| 收款人:泰安北方车辆厂 |
| 金　额:￥585 000.00 |
| 用　途:购货车 |

单位主管　黄华　　　　　会计马丽

表 5‐130

固定资产验收交结单

2016 年 12 月 10 日

资产编号	资产名称	型号规格或结构面积	计量单位	数量	购买价值或工程造价	基础或安装费用	附加费用（税金）	合计
	货车	东风 5	辆	1	500 000.00			500 000.00
资产来源		外购	耐用年限		10		主要附属设备	
制造厂名		东风汽车公司	估计年限		10			
制造日期及编号		2016 年 8 月 1 日	月折旧率		0.83%			
工程项目或使用部门		车队	估计残值		5 000			

会计主管:黄华　　　出纳:田丽　　　复核:前程　　　记账:马丽　　　制单:刘莉

　　（47）2016 年 12 月 10 日,委托开户银行托收的义蚂矿业公司货款已收回入账,见表 5‐131。

表 5－131

⊕中国农业银行托收承付凭证(收账通知)4　　第 1 号

委托日期 2016 年 11 月 30 日　　　　　　托收号码:1230

	承付期限
	到期 2016 年 12 月 10 日

收款人	全　称	优卡股份有限公司	付款人	全　称	义蚂矿业公司
	账　号	95599007766688888888		账　号	855990077766688899908
	开户银行	中国农业银行高新区支行		开户银行	工商行义蚂市支行

委托金额	人民币(大写)叁拾伍万玖仟元整	千	百	十	万	千	百	十	元	角	分
			¥	3	5	9	0	0	0	0	0

款项内容	货款	委托收款凭证名称	销售发票	附寄单证张数	1
货物发运情况		已发运		合同号	03129

备注:	科目＿＿＿＿＿＿
本托收款项已由付款人开户行全额划回并并收入你账户内。	对方科目＿＿＿＿＿
	转账　　　年　月　日
(收款人开户银行盖章)2016 年 12 月 10 日	单位主管　会计　记账
	复核

此联收付款人开户银行收账通知收托后给收款单位的

（48）2016 年 12 月 10 日,安装购入的设备 A 领用 G 材料,G 材料成本差异率 2%。资料见表 5－132。

表 5－132

领　料　单

领料部门:基本生产车间　　　　开票日期:2016 年 12 月 31 日　　　　字第 0051 号

材料编号	材料名称	规格	单位	请领数量	实发数量	计划成本	
						计划单价	金额
009	G 材料		公斤	100 公斤	100 公斤	500	50 000
用途 安装设备用		领料部门			发料部门		
		领料单位负责人	领料人	核准人		发料人	
		丁同	卞强			田凯	

第二联 会计记账联

（49）2016 年 12 月 10 日,设备安装完成,交付基本生产车间使用。资料见表 5－133。

表 5‑133

固定资产验收交结单

2016 年 12 月 31 日

资产编号	资产名称	型号规格或结构面积	计量单位	数量	购买价值或工程造价	基础或安装费用	附加费用（税金）	合计
	设备		台	1	551 000.00			551 000.00

资产来源	外购、安装	耐用年限	10 年	主要附属设备
制造厂名	泰安机械厂	估计年限	10 年	
制造日期及编号	2016 年 10 月 1 日	月折旧率	0.83%	
工程项目或使用部门	基本生产车间	估计残值	1 000 元	

会计主管:黄华　　出纳:田丽　　复核:前程　　记账:马丽　　制单:刘莉

（50）2016 年 12 月 10 日,公寓楼工程领用 G 材料,G 材料成本差异率 2%,G 材料适用增值税税率 17%。资料见表 5‑134。

表 5‑134

领 料 单

领料部门:基建部门　　　　开票日期:2016 年 12 月 10 日　　　　字第 0052 号

材料编号	材料名称	规格	单位	请领数量	实发数量	计划成本	
						计划单价	金额
009	G 材料		公斤	200 公斤	200 公斤	500	100 000

用途 公寓楼工程用	领料部门		发料部门	
	领料单位负责人	领料人	核准人	发料人
	李力	李红		田凯

第二联　会计记账联

（51）2016 年 12 月 11 日,自营建造的公寓楼工程完工交付使用。资料见表 5‑135。

表 5‑135

自营工程竣工验收单

项目名称	办公楼工程	批准时间	2013 年 11 月 20 日
项目性质	自用	完成时间	2016 年 10 月 10 日
预算价格	1 402 000.00	决算价格	1 402 000.00
结构类型	砖混结构	建筑面积	1 000 m²
验收意见	经检验,质量达到原设计要求,同意交付使用		

验收人员	使用部门	企业负责人	外聘专家	建筑监理	财务科	资产部
		王同化	李青	国田	黄华	汪和

备注:	
验收单位	使用单位
负责人:黄化强	负责人:孙强

（52）2016 年 12 月 11 日，公司以现金购买办公用品，资料见表 5－136。

表 5－136

山东省商品销售统一发票

购货单位：优卡股份有限公司　　　2016 年 12 月 11 日　　　No 4789003

商品名称	规格	单位	数量	单价	金额						
					万	千	百	十	元	角	分
打印纸	A4	包	10	70.00		7	0	0	0	0	
合计人民币（大写）×仟柒佰零拾零元零角零分					¥	7	0	0	0	0	

销货单位（盖章）：　　　　　　　收款人：曹辉银　　　开票人：杜影

（53）2016 年 12 月 11 日，领用材料。资料见表 5－137、表 5－138、表 5－139、表 5－140。

表 5－137

领 料 单

领料部门：基本生产车间　　　开票日期：2016 年 12 月 11 日　　　字第 0055 号

材料编号	材料名称	规格	单位	请领数量	实发数量	计划成本	
						计划单价	金额
001	甲材料		吨	10 吨	10 吨	50 000	500 000

用途	领料部门		发料部门	
生产仪表用 2 吨	领料单位负责人	领料人	核准人	发料人
生产锚护机具用 8 吨	丁同	卞强		田凯

表 5－138

领 料 单

领料部门：基本生产车间　　　开票日期：2016 年 12 月 11 日　　　字第 0056 号

材料编号	材料名称	规格	单位	请领数量	实发数量	计划成本	
						计划单价	金额
0016	电气元件		件	50	50	2 000	100 000

用途	领料部门		发料部门	
生产仪表用 40 件	领料单位负责人	领料人	核准人	发料人
生产锚护机具用 10 件	丁同	卞强		田凯

表 5－139

领　料　单

领料部门:辅助生产车间　　　开票日期:2016 年 12 月 11 日　　　　字第 0057 号

材料编号	材料名称	规格	单位	请领数量	实发数量	计划成本	
						计划单价	金额
0016	电气元件		件	25	25	2 000	50 000

用途	领料部门		发料部门	
生产经营用:20 件 一般耗用:5 件	领料单位负责人	领料人	核准人	发料人
	丁同	卞强		田凯

第二联　会计记账联

表 5－140

领　料　单

领料部门:管理部门　　　开票日期:2016 年 12 月 11 日　　　　字第 0058 号

材料编号	材料名称	规格	单位	请领数量	实发数量	计划成本	
						计划单价	金额
006	丁材料		件	10	10	5 000	50 000

用途	领料部门		发料部门	
管理部门一般耗用	领料单位负责人	领料人	核准人	发料人
	丁同	卞强		田凯

第二联　会计记账联

（54）2016 年 12 月 11 日,开出支票支付广告费,资料见表 5－141、表 5－142。

表 5－141

山东省广告业专用发票

发　票　联

客户名称:优卡股份有限公司　　　2016 年 12 月 11 日　　　　Nº 02399

项目	单位	数量	单价	金　额							
				万	千	百	十	元	角	分	
产品电视广告费	月	5	10 000	5	0	0	0	0	0	0	② 报销凭证
合　计				5	0	0	0	0	0	0	

合计金额(大写)人民币伍万元整

收款单位(盖章有效):　　　　　　　　　　开票人:张猛

表 5－142

中国农业银行转账支票存根

支票号码　NO. 08872639

科　　目　＿＿＿＿＿＿＿＿＿

对方科目　＿＿＿＿＿＿＿＿＿

出票日期 2016 年 12 月 11 日

| 收款人：泰安市电视台 |
| 金　额：￥50 000.00 |
| 用　途：支付广告费 |

单位主管　黄华　　　　　　会计马丽

（55）2016 年 12 月 11 日，职工许涛预借差旅费，以现金支付，资料见表 5－143。

表 5－143

优卡股份有限公司借款单

2016 年 12 月 11 日　　　　　　　　　　　　NO：20131028

借款单位	计划科	借款人	许涛	职务	科长	出差地点		成都
						出差时间		2 天
借款事由	出差			借款金额（大写）		伍仟元整		
部门负责人批示	同意			借款人签章		许涛	付款方式	现金
部门负责人签章	同意　黄化强			财务负责人审核意见		同意　　　黄华		

③记账联

现金收讫

（56）2016 年 12 月 11 日，以现金支付业务招待费，资料见表 5－144。

表 5－144

山东省饮食业专用发票

发 票 联

2016 年 12 月 11 日

客户：优卡股份有限公司

项目：　　餐费

人民币（大写）：玖佰贰拾元整＿＿＿＿＿＿

2016 年 地税 0000999

370902000122

发票专用章

单位（盖章）：　　　　　　　　　　　收款：王珂

（57）2016 年 12 月 11 日，公益性捐款，资料见表 5-145、表 5-146。

表 5-145

公益性单位接受捐赠统一收据

国财 00210　　　　　　　　2016 年 12 月 11 日　　　　　　（2016）No 01386896

捐　赠　者　优卡股份有限公司

捐赠项目　泰安市残疾人福利院项目

捐赠金额（实物价值）（大写）人民币伍万元整

　　　　　　　　　（￥50 000.00）

货币（实物）种类

备注：

接收单位（签章）：　　审核：张小鹏　　　经手人：黄玉林　　感谢您的慷慨捐赠

表 5-146

中国农业银行转账支票存根

支票号码　NO. 08873689

科　　目

对方科目

出票日期 2016 年 12 月 6 日

| 收款人：泰安市残疾人福利院 |
| 金　额：￥50 000.00 |
| 用　途：公益性捐赠 |

单位主管　黄华　　　　会计马丽

（58）2016 年 12 月 12 日，期限 6 个月的无息商业承兑汇票贴现（没有追索权），资料见表 5-147。

表 5－147

票据贴现凭证（收账通知）4

2016 年 12 月 12 日　　　　　　　No 323329

<table>
<tr><td rowspan="3">申请人</td><td>全　称</td><td>优卡股份有限公司</td><td rowspan="3">贴现汇票</td><td>种类及号码</td><td colspan="9">商业承兑汇票</td><td rowspan="11">此联银行给贴现申请人的收账通知</td></tr>
<tr><td>账　号</td><td>95599007766688888888</td><td>出票日</td><td colspan="9">2016 年 8 月 12 日</td></tr>
<tr><td>开户银行</td><td>中国农业银行高新区支行</td><td>到期日</td><td colspan="9">2017 年 2 月 12 日</td></tr>
<tr><td colspan="2">汇票承兑人</td><td>肥城矿业集团</td><td>账号</td><td colspan="3">235890000</td><td colspan="2">开户银行</td><td colspan="4">工商行肥矿路支行</td></tr>
<tr><td colspan="2" rowspan="2">商业汇票金额</td><td colspan="2">人民币
（大写）</td><td colspan="2">伍拾万元整</td><td>千</td><td>百</td><td>十</td><td>万</td><td>千</td><td>百</td><td>十</td><td>元</td><td>角</td><td>分</td></tr>
<tr><td colspan="2"></td><td colspan="2"></td><td></td><td></td><td>5</td><td>0</td><td>0</td><td>0</td><td>0</td><td>0</td><td>0</td><td>0</td></tr>
<tr><td colspan="2">年贴现率</td><td colspan="2">贴现利息</td><td rowspan="2" colspan="2">实付金额</td><td>千</td><td>百</td><td>十</td><td>万</td><td>千</td><td>百</td><td>十</td><td>元</td><td>角</td><td>分</td></tr>
<tr><td colspan="2">6%</td><td colspan="2">5 000</td><td></td><td>￥</td><td>4</td><td>9</td><td>5</td><td>0</td><td>0</td><td>0</td><td>0</td><td>0</td></tr>
<tr><td colspan="5">上述款项已入你单位账户。

银行盖章
　日</td><td colspan="11">备注：</td></tr>
</table>

（59）2016 年 12 月 12 日，出纳田丽提取现金 50 000 元备用，见表 5－148、表 5－149。

表 5－148

中国农业银行现金支票存根

支票号码　NO. 08872789

科　　目＿＿＿＿＿＿＿＿＿＿＿

对方科目＿＿＿＿＿＿＿＿＿＿＿

出票日期 2016 年 12 月 12 日

收款人:优卡股份有限公司
金　额:￥50 000.00
用　途:提现金备用

单位主管:黄华　　　　会计:马丽

表 5－149

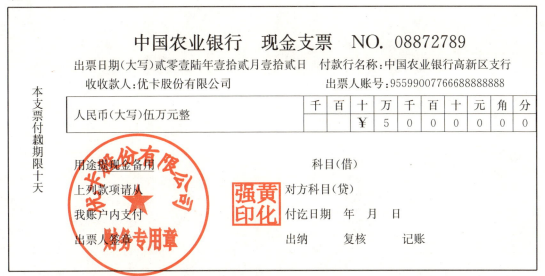

中国农业银行　现金支票　NO. 08872789

出票日期(大写)贰零壹陆年壹拾贰月壹拾贰日　　付款行名称：中国农业银行高新区支行

收收款人：优卡股份有限公司　　　　　　出票人账号：95599007766688888888

人民币(大写)伍万元整	千	百	十	万	千	百	十	元	角	分
			¥	5	0	0	0	0	0	0

本支票付款期限十天

用途提现金备用
上列款项请从
我账户内支付
出票人签章

科目(借)
对方科目(贷)
付讫日期　年　月　日
出纳　　复核　　记账

(60) 2016 年 12 月 12 日,收到职工田诚个人还款 5 000 元现金,见表 5－150。

表 5－150

收　据

2016 年 12 月 12 日　　　　　　　　第 031 号

交款单位或姓名	田诚	③记账联
款项内容	归还借款	
金额	人民币(大写)伍仟元整　　　¥5 000.00	

收款单位公章　　　　　　　收款 田丽　　　　　　　交款 田诚

(61) 2016 年 12 月 12 日,计划科王涛出差预借差旅费 9 000 元,以现金付讫,见表 5－151。

表 5－151

优卡股份有限公司借款单

2016 年 12 月 12 日　　　　　　　　　　　　　NO：20131012

借款单位	计划科	借款人	王涛	职务		出差地点	广州
						出差时间	3 天
借款事由	开会			借款金额 （大写）		玖仟元整	
部门负责人批示	同意		借款人 签章		王涛	付款方式	现金
部门负责人签章	同意 黄前		财务负责人 审核意见		同意 　　　黄华		

（现金收讫）

③记账联

　　（62）2016 年 12 月 12 日，销售给新矿集团华丰煤矿仪表 2 台，货款 400 000 元，增值税率 17％，收到 468 000 元转账支票一张。填制银行进账单存入银行。见表 5－152、表 5－153、表 5－154。

表 5－152

山 东 省 增 值 税 专 用 发 票

开票日期：2016 年 12 月 12 日　　　　　　No 1063598

购货单位	名　　称：新矿集团华丰煤矿 纳税人登记号：370902000000121 地　址、电　话：泰安市泰山大街 1670 号 开户行及账号：工商行华丰支行 53000068645							密码区	（略）								
商品或劳务名称	计量单位	数量	单价	金　　额								税率%	税　　额				
				千	百	十	万	千	百	十	元 角 分		千	百	十	万	千 百 十 元 角 分
仪表	台	2	200 000			4	0	0	0	0	0 0 0	17				6	8 0 0 0 0 0
合　　计				¥	4	0	0	0	0	0	0 0 0	17	¥			6	8 0 0 0 0 0
价税合计（大写）	肆拾陆万捌仟元整												¥468 000.00				
销货单位	名　　称：优卡股份有限公司 纳税人登记号：370900000000898 地　址、电　话：泰安市高新区南天街 50 号 开户银行及账号：中国农业银行高新区支行 95599007766688888888																

第一联 记账联

开票人：马强　　　　收款人：田丽　　　　复核：前程　　　　销货单位（章）

表 5－153

中国农业银行进账单（收账通知）

2016 年 12 月 12 日　　　　　　　　　　　第 065 号

收款人	全　称	优卡股份有限公司	付款人	全　称	新矿集团华丰煤矿
	账　号	95599007766688888888		账　号	53000068645
	开户银行	中国农业银行高新区支行		开户银行	工商行华丰支行

人民币(大写)肆拾陆万捌仟元整	千	百	十	万	千	百	十	元	角	分
		¥	4	6	8	0	0	0	0	0

票据种类	转账支票
票据张数	1

收款人开户行盖章

单位主管 黄华　会计马丽　复核 前程　记账

表 5－154

商品出库单

编号：2003

2016 年 12 月 12 日　　　　　　　　　　产成品库：2

产品或物品名称	规　格	计量单位	数　量	单　价	金　额	备　注
仪表		台	2			出售
合　计			2			

第二联　记账联

记账：马丽　　　仓库保管员：刘刚　　　复核：马翔　　　制单：王华

（63）2016 年 12 月 13 日，许涛报销差旅费，补足余款，资料见表 5－155、表 5－156。

表 5－155

优卡股份有限公司
差 旅 费 报 销 单

部门：计划科　　　　　2016 年 12 月 13 日

出发地		到达地			公出补助			车船飞机费	卧铺	住宿费	市内车费	邮电费	其他	合计金额
月	日	地点	月	日	地点	天数	标准	金额						
12	11	泰安	12	11	成都	2	200	400	3 750		800	150		5 100.00
合　计								400	3 750		800	150		5 100.00

合计人民币(大写)伍仟壹佰元整　　　　　　　　　¥5 100.00

借款金额	5 000	补金额	100 元	补方式	现金支付	领导意见	同意

单位领导：黄化强　　　财务主管：黄华　　　公出人姓名：许涛　　　审核人：前程

表 5 - 156

付 款 单

2016 年 12 月 13 日　　　　　　　　　　第 031 号

收款单位或姓名	许涛	③ 记账联
款项内容	补出差借款	
金额	人民币（大写）壹佰元整　　　　　　￥100.00	

付款单位公章　　　　　　　　　　付款 田丽　　　　　　收款 许涛

（64）2016 年 12 月 13 日，广东矿业公司支付前欠货款 234 000 元，收到银行汇票一张，见表 5 - 157、表 5 - 158。

表 5 - 157

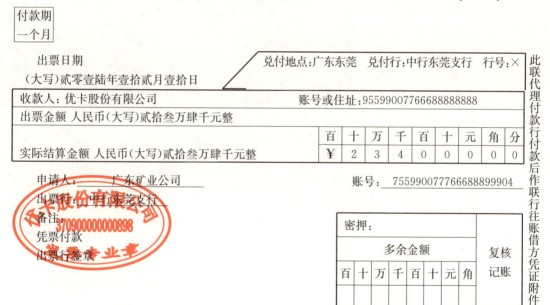

中国农业银行 2
银行汇票　　　　　　　第 3 号

付款期 一个月			

出票日期　　　　　　　兑付地点：广东东莞　兑付行：中行东莞支行　行号：×
（大写）贰零壹陆年壹拾贰月壹拾日

收款人：优卡股份有限公司	账号或住址：95599007766688888888
出票金额 人民币（大写）贰拾叁万肆千元整	

实际结算金额 人民币（大写）贰拾叁万肆千元整	百	十	万	千	百	十	元	角	分
	￥	2	3	4	0	0	0	0	0

申请人：　　广东矿业公司　　　　　　账号：　755990077766688899904

出票行：中行东莞支行

备注：370900000000898

凭票付款

出票行签章

此联代理付款行付款后作联行往账借方凭证附件

密押：							复核记账
多余金额							
百	十	万	千	百	十	元	角

表 5－158

中国农业银行进账单（收账通知）

2016 年 12 月 13 日　　　　　　　　　　第 046 号

收款人	全　称	优卡股份有限公司	付款人	全　称	广东矿业公司
	账　号	95599007766688888888		账　号	755990077766688899904
	开户银行	中国农业银行高新区支行		开户银行	中行东莞支行

人民币(大写)贰拾叁万肆仟元整	千	百	十	万	千	百	十	元	角	分
			¥	2	3	4	0	0	0	0	0

票据种类	银行汇票
票据张数	1
单位主管 黄华　　会计　　复核　　记账	

（收款人开户行盖章　中国农业银行股份有限公司泰安高新区支行 业务办讫章）

　　（65）2016 年 12 月 13 日，预付莱芜钢铁公司购料款 500 000 元，以电汇方式支付，见表 5－159、表 5－160。

表 5－159

预付款项申请单

2016 年 12 月 13 日

申请金额:500 000 元	批准金额:500 000 元	预付方式:电汇
收款单位:莱芜钢铁公司	收款单位开户行:建行莱城区支行	账号:655990077766688899911

预付内容:		
货款		
合同(协议)总金额:　600 000 元		已预付款:0 元
附合同　1　份,书面协议　　份,合同号　02021。		

预计到货或工程完工时间:　2016 年 12 月 18 日	
批准人:黄化强　　　　总会计师:贾仁	
执行情况	

单位主管:黄化强　　　　申请人:文海　　　　会计主管:黄华　　　　　　财务经办:田丽

表 5 - 160

中国农业银行电汇凭证(回单)

委托日期 2016 年 12 月 13 日   第 047 号

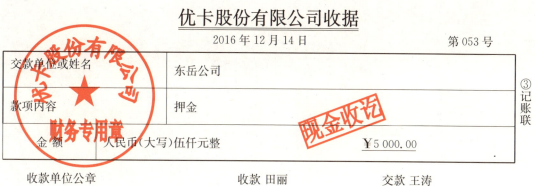

汇款人	全 称	优卡股份有限公司		收款人	全 称	莱芜钢铁公司								
	账 号	95599007766688888888			账 号	65599007766688899911								
	汇出地点	泰安	汇出行名称 农行高新区支行		汇入地点	莱芜	汇入行名称 建行莱城区支行							
						千	百	十	万	千	百	十	元	角	分
人民币(大写)伍拾万元整							¥	5	0	0	0	0	0	0	0

汇出行盖章

(中国农业银行股份有限公司 泰安高新区支行 业务办讫章)

支付密码

附加信息及用途　预付购料款

复核　　　记账

此联是汇出银行交给汇款单位的回单

(66) 2016 年 12 月 14 日,出纳收到东岳公司押金 5 000 元,见表 5 - 161。

表 5 - 161

优卡股份有限公司收据

2016 年 12 月 14 日   第 053 号

交款单位或姓名	东岳公司	
款项内容	押金	
金 额	人民币(大写)伍仟元整	¥5 000.00

(优卡股份有限公司 财务专用章)

(现金收讫)

③记账联

收款单位公章   收款 田丽   交款 王涛

(67) 2016 年 12 月 14 日,领用材料,相关资料见表 5 - 162、表 5 - 163。

表 5‑162

领 料 单

领料部门:基本生产车间　　　　开票日期:2016 年 12 月 14 日　　　　字第 0061 号

材料编号	材料名称	规格	单位	请领数量	实发数量	计划成本	
						计划单价	金额
001	甲材料		吨	6 吨	6 吨	50 000	300 000

用途	领料部门		发料部门	
生产仪表用 1 吨	领料单位负责人	领料人	核准人	发料人
生产锚护机具用 5 吨	丁同	卞强		田凯

第二联　会计记账联

表 5‑163

领 料 单

领料部门:基本生产车间　　　　开票日期:2016 年 12 月 14 日　　　　字第 0062 号

材料编号	材料名称	规格	单位	请领数量	实发数量	计划成本	
						计划单价	金额
002	丙材料		吨	10 吨	10 吨	10 000	100 000

用途	领料部门		发料部门	
生产仪表用 4 吨	领料单位负责人	领料人	核准人	发料人
生产锚护机具用 6 吨	丁同	卞强		田凯

第二联　会计记账联

（68）2016 年 12 月 14 日,领用工作服,相关资料见表 5‑164。

表 5‑164

领 料 单

领料部门:基本生产车间　　　　开票日期:2016 年 12 月 14 日　　　　字第 0063 号

材料编号	材料名称	规格	单位	请领数量	实发数量	数量	
						实际单价	金额
004	工作服		套	90 套	90 套	250	22 500

用途	领料部门		发料部门	
车间生产人员领用	领料单位负责人	领料人	核准人	发料人
	丁同	卞强		

第二联　会计记账联

(69) 2016 年 12 月 14 日,缴纳机动车保险费,资料见表 5－165、表 5－166。

表 5－165

山东省地方税务局通用机打发票(泰安市)

发 票 联

发票代码:237091301166
发票号码:00574107

开票日期:2016 年 12 月 14 号　　行业分类:保险业　　（第二联发票）

付款人:优卡股份有限公司 Payer.	
承险险种:机动车保险电话销售专用产品 Coverage.	
保险单号:PDAA1022370200T00769 Policy No.	批单号:PDAA201137090200T00769 End NO.
保险费金额(大写)人民币玖仟捌佰伍拾元整 Premium Amount(In Words):	(小写) 9 850.00 (In Figures)
代收车船税(小写)　0.00 Vehiele ￡ Vmount(In words):	滞纳金(小写):　0.00 Overdue fune (In Figures)
合计(大写)人民币玖仟捌佰伍拾元整 Consist (In Words):	(小写):9 850.00 (In Figures)
附注:　R21－PDAA201137090200T00769—优卡股份有限公司 Remarks	
保险公司名称: Insurance Company 保险公司签章: Stamped by Insurance Company 保险公司纳税人识别号: Taxpayer　Idenlification　No:	复核:　　经办:　陈爱华 Checked　by　Handler 地址:　　电话:2016.12.14 Add　　Tel

表 5－166

山东省地方税务局通用机打发票(泰安市)
发票联

发票代码:237091301166

发票号码:00474108

开票日期:2016 年 12 月 14 号　　　行业分类:保险业　　　(第二联发票)

付款人:优卡股份有限公司

Payer.

承保险种:机动车强制责任保险产品

Coverage.

保险单号:PDAA1022370200T00768　　批单号:PDAA201137090200T00768

Policy No.　　　　　　　　　　　　End NO.

保险费金额(大写)人民币玖佰捌拾元整　　(小写)980.00

Premium Amount(In Words):　　　　　(In Figures)

代收车船税(小写)420.00　　　　　　滞纳金(小写):　0.00

Vehiele £ Vmount(In words):　　　　Overdue fune (In Figures)

合计(大写)人民币壹仟肆佰元整　　　(小写):1 400.00

Consist (In Words):　　　　　　　　(In Figures)

附注:　R21－PDAA201137090200T00768—优卡股份有限公司

Remarks

保险公司名称:　　　　　　　　　复核:　　　　　　经手人:马爱华

Insurance Company　　　　　　　Checked　by　　　Handler

保险公司签章:　　　　　　　　　地址:　　　　　　电话:

Stamped by Insurance Company　 Add　　　　　　Tel

保险公司纳税人识别号:

Taxpayer　Idenlification　No:

(70) 2016 年 12 月 14 日,转让无形资产,资料见表 5－167、表 5－168、表 5－169。

表 5－167

无形资产出账通知单

2016 年 12 月 14 日

编号:02025

类别	编号	名称	数量	账面余额	摊销额		已使用年限	累计摊销额	出账原因
					年摊销额	月摊销额			
专利权		仪表专利权 B	1	54 000	3 600	300	20 个月	6 000	转让

批准:黄化强　　　　　会计主管:黄华　　　　　制单:刘莉

表 5－168

山东省增值税专用发票

开票日期:2016 年 12 月 14 日　　　　No 3173493

购货单位	名　　　称:泰安宏运公司																密码区	（略）									
	纳税人登记号:307985069862329																										
	地址、电话:泰安市迎宾路 168 号																										
	开户行及账号:工商银行岱岳区支行 53000068666																										

商品或劳务名称	计量单位	数量	单价	金额										税率%	税额									
				千	百	十	万	千	百	十	元	角	分		千	百	十	万	千	百	十	元	角	分
仪表专利B	件	1			6	0	0	0	0	0	0	0	6			3	6	0	0	0	0	0
合　　计				¥	6	0	0	0	0	0	0	0	6		¥	3	6	0	0	0	0
价税合计(大写)	陆拾叁万陆仟元整						¥636 000.00															

销货单位	名　　　称:优卡股份有限公司
	纳税人登记号:370900000000898
	地址、电话:泰安市高新区南天街 50 号
	开户银行及账号:中国农业银行高新区支行 955990077666888888888

开票人:马强　　收款人:田丽　　复核:前程　　　　销货单位(章)

表 5－169

中国农业银行进账单(收账通知)

2016 年 12 月 14 日　　　　　第 069 号

收款人	全　称	优卡股份有限公司	付款人	全　称	山东省泰山锻压机械有限公司									
	账　号	95599007766688888888		账　号	95599007776618154025									
	开户银行	中国农业银行高新区支行		开户银行	工行高新区支行岱宗大街分理处									

人民币(大写)陆拾叁万陆仟元整		千	百	十	万	千	百	十	元	角	分
				¥	6	3	6	0	0	0	0

票据种类	转账支票
票据张数	1 张

单位主管　会计　复核　记账

(71) 2016 年 12 月 14 日，开出转账支票支付电话费，资料见表 5 - 170、表 5 - 171。

表 5 - 170

泰安市电信公司电信费用收款凭证

收款时间 2016 年 12 月 14 日

代扣号：0958254719 82503697　　　　　　　　　　　　　结算时间自 16.11.14 至 16.12.14

用户名称			307512345		优卡股份有限公司			
市　话		长　话		移　动		非　话		
月租费	1 050.00	自动长话话费	4 000.18	月租费	0.00	用户电报	0.00	
通话费	500.00			通话费	0.00	数据通信	0.00	
区内次数	210	长话补收	0.00	长话费	0.00		0.00	
区外次数	184	上月余数	0.00	漫游费	0.00		0.00	
市话其他	0.00	本月余数	0.18	移动补收	0.00	代维费	0.00	
月合计：5 550.18		抵　减：0.18		滞纳金：0.00		开通费：0.00		
总计(大写)人民币伍仟伍佰伍拾元整						￥5 550.00		

注：停机期间，仍需按时缴纳月租费，逾期每日按欠费 3‰ 收取滞纳金。　　经手人：赵玲

表 5 - 171

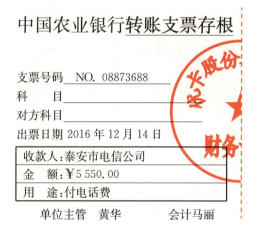

中国农业银行转账支票存根

支票号码　NO. 08873688

科　　目＿＿＿＿＿＿＿＿＿

对方科目＿＿＿＿＿＿＿＿＿

出票日期 2016 年 12 月 14 日

收款人：泰安市电信公司
金　额：￥5 550.00
用　途：付电话费

单位主管　黄华　　　　会计马丽

（72）2016 年 12 月 15 日，报销办公室书报费（办公费），以现金支付，资料见表 5－172。

表 5－172

山东省商品零售发票

购货单位：优卡股份有限公司　　　　2016 年 12 月 14 日　　　　　No 3016738

类　别	单位	数量	单价	金　额							
				十	万	千	百	十	元	角	分
图　书	本	50	10				5	0	0	0	0
合计人民币（大写）×拾×万×仟伍佰元整									￥ 500		

销货单位（盖章）：　　　　　　收款人：李琼瑶　　　　　　开票人：王晓云

第二联 发票

中惠印刷厂 99440003

（73）2016 年 12 月 15 日，购置车间办公用品以现金支付，资料见表 5－173。

表 5－173

山东省商业销售统一发票
发 票 联

委托单位：优卡股份有限公司　　　　2016 年 12 月 14 日　　　　　No 3002886

项目	说　明	单位	数量	单价	金　额							备　注
					万	千	百	十	元	角	分	
办公用品			1	900.00		9	0	0	0	0		
						￥	9	0	0	0	0	
合计人民币（大写）×万×仟玖佰元整						￥900.00						

受托单位（盖章）：　　　　　　收款人：李玉斌　　　　　　开票人：夏飞天

第二联 发票

泰安纪翔百货商店 370902007856 发票专用章

（74）2016年12月15日，仪表、锚护机具完工入库，资料见表5-174。

表5-174

库存商品（产成品）验收入库单

交库单位：基本生产车间　　　　　2016年12月15日　　　　　第0134号

产品名称	交验数量	检验结果		实收数量	计量单位	单位成本	金额（元）
		合格	不合格				
仪表	5	5		5	台		
锚护机具	5	5		5	套		
合计							

基本生产车间：刘强　　　　　检验人：李华　　　　　仓库经手人：田凯

（75）2016年12月16日，销售锚护机具1套，产品已发运，当天办托委托收款手续。相关资料见表5-175、表5-176、表5-177、表5-178、表5-179。

表5-175

⊛中国农业银行托收承付凭证（回单）1

委托日期 2016年12月16日　　　　　　第36号　　　托收号码：4717

承付期限 到期 2017年12月19日

收款人	全称	优卡股份有限公司	付款人	全称	广东矿业公司
	账号	95599007766688888888		账号	755990077766688899904
	开户银行	中国农业银行高新区支行		开户银行	中行东莞支行

委托金额	人民币（大写）伍拾玖万元整	千百十万千百十元角分 ¥ 5 9 0 0 0 0 0 0

款项内容	货款	委托收款凭证名称	销售发票	附寄单证张数	1

货物发运情况　已发运　　　合同号 12617

备注：款项受托日期　　　年　月　日

（收款人开户银行盖章）

此联为付款人开户行交给收款人的回单

表 5 - 176

山东省增值税专用发票

开票日期:2016 年 12 月 16 日　　　　　　　No 1063474

购货单位	名　称:广东矿业公司 纳税人登记号:444585069862385 地址、电话:广东东莞工业南路 168 号 开户行及账号:工商银行人民路分理处 53000068645					密码区		(略)	

商品或劳务名称	计量单位	数量	单价	金　额 千百十万千百十元角分	税率%	税　额 千百十万千百十元角分
锚护机具	套	1	500 000	5 0 0 0 0 0 0 0	17	8 5 0 0 0 0
合　计				￥5 0 0 0 0 0 0 0	17	￥8 5 0 0 0 0
价税合计(大写)	伍拾捌万伍仟元整					￥585 000.00

第一联 记账联

销货单位	名　称:优卡股份有限公司 纳税人登记号:370900000000898 地址、电话:泰安市高新区南天街 50 号 开户银行及账号:中国农业银行高新区支行 95599007766688888888	注

开票人:马强　　　收款人:田丽　　　复核:前程　　　　　　　销货单位(章)

表 5 - 177

中国农业银行转账支票存根

支票号码　NO. 8872677

科　目＿＿＿＿＿＿＿＿＿

对方科目＿＿＿＿＿＿＿＿＿

出票日期 2016 年 12 月 16 日

收款人:泰山火车站
金　额:￥5 000.00
用　途:代垫运费

单位主管:黄华　　　会计:马丽

表 5－178

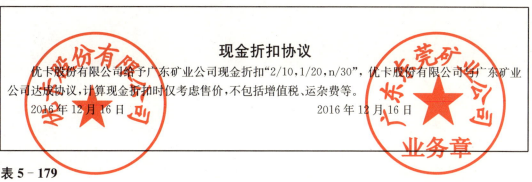

现金折扣协议

优卡股份有限公司给予广东矿业公司现金折扣"2/10,1/20,n/30",优卡股份有限公司与广东矿业公司达成协议,计算现金折扣时仅考虑售价,不包括增值税、运杂费等。

2016 年 12 月 16 日　　　　　　　　　　2016 年 12 月 16 日

表 5－179

商品出库单

编号:1004

2016 年 12 月 16 日

产成品库:1

产品或 物品名称	规格	计量单位	数量	单价	金额	备注
锚护机具		套	1			出售
合　计			1			

记账:马丽　　　仓库保管员:王刚　　　复核:马翔　　　制单:王华

第二联 记账联

(76) 2016 年 12 月 16 日,委托开户银行托收的义蚂矿业公司货款已收回入账,见表5－180。

表 5－180

（电）中国农业银行托收承付凭证（收账通知）4　　第 11 号

委托日期 2016 年 12 月 2 日　　　　　　托收号码:1116

承付期限
到期 2016 年 12 月 16 日

收款人	全　称	优卡股份有限公司	付款人	全　称	义蚂矿业公司
	账　号	95599007766688888888		账　号	85599007776668888899908
	开户银行	中国农业银行高新区支行		开户银行	工商行义蚂市支行

委托金额	人民币(大写)贰佰叁拾肆万捌仟元整	千 百 十 万 千 百 十 元 角 分 ¥ 2 3 4 8 0 0 0 0 0

款项内容	货款	委托收款凭证名称	销售发票	附寄单证张数	1

货物发运情况　已发运　　合同号　12128

备注:　本托收款项已由付款人开户行全额划回并收入你账户内。
（收款人开户银行盖章）
2016 年 12 月 16 日

科目＿＿＿＿
对方科目＿＿＿＿
转账　年　月　日
单位主管　会计　记账　复核

此联收款人开户银行在款项收托后给收款单位的收账通知

（77）2016 年 12 月 16 日，持有的广东矿业公司的一张期限 4 个月无息商业承兑汇票即将到期，委托开户行办理托收。相关资料见表 5－181、表 5－182。

表 5－181

委托收款　凭证(回单)1

委电

委托日期 2016 年 12 月 16 日

收款人	全　称	优卡股份有限公司		付款人	全　称	广东矿业公司										
	账　号	95599007766688888888			账　号	755990077766688899904										
	开户银行	中国农业银行高新区支行			开户银行	中行东莞支行										
委托金额		人民币(大写)贰拾叁万肆仟元整					千	百	十	万	千	百	十	元	角	分
								¥	2	3	4	0	0	0	0	0
款项内容		银行承兑汇票款	委托收款凭证名称	商业承兑汇票		附寄单证张数		1								
备注：		付款人注意： 1. 应于见票的当日通知开户银行划款 2. 如需拒付，应在规定期限内，将拒付理由书并附债务证明退交开户银行														

单位主管　　会计　　复核　　记账　　　　付款人开户行收到日期　　年　月　日

　　　　　　　　　　　　　　　　　　　　　　支付日期　　年　月　日

此联为付款人开户银行交给收款人的回单

表 5－182

（汇票正面）

商业承兑汇票　2

出票日期 贰零壹陆年零捌月壹拾玖日

收款人	全　称	广东矿业公司		收款人	全　称	优卡股份有限公司									
	账　号	755990077766688899904			账　号	95599007766688888888									
	开户银行	中行东莞支行	行号		开户银行	农业高新区支行	行号								
出票金额		人民币(大写)贰拾叁万肆仟元整				百	十	万	千	百	十	元	角	分	
						¥	2	3	4	0	0	0	0	0	
出票到期日		贰零壹陆年壹拾贰月壹拾玖日	付款人		行号										
交易合同号		02001	开户行		地址	广东东莞									

本汇票已经承兑，到期无条件支付款项。

此致本汇票请予以承兑于到期日付款。

承兑人签章

承兑日期 2016 年 8 月 19 日

出票人签章

此联持票人开户行随托收凭证寄付款人开户行作借款凭证附件

（汇票背面）

被背书人　中国农业银行高新区支行	被背书人	粘贴单处
委托收款 背书人签章 2016 年 12 月 16 日	背书人签章 2016 年 12 月 16 日	

（78）2016 年 12 月 17 日，委托开户银行托收的兖州矿业集团货款已收回入账，见表 5－183。

表 5－183

⊕中国农业银行托收承付凭证（收账通知）4　　第 8 号

委托日期 2016 年 12 月 8 日　　　　　　托收号码：3230

	承付期限
	到期 2016 年 12 月 17 日

收款人	全　称	优卡股份有限公司	付款人	全　称	兖州矿业集团									
	账　号	95599007766688888888		账　号	8559900776668889908									
	开户银行	中国农业银行高新区支行		开户银行	工商行邹城市支行	千	百	十	万	千	百	十	元	角	分
委托金额		人民币（大写）贰佰叁拾肆万捌仟元整					¥ 2	3	4	8	0	0	0	0	0

款项内容	货款	委托收款凭证名称	销售发票	附寄单证张数	1

货物发运情况	已发运	合同号	12369

备注：	本托收款项已由付款人开户行全额划回并并收入你账户内。 中国农业银行股份有限公司 泰安高新区支行 业务办讫章 （收款人开户银行盖章） 2016 年 12 月 17 日	科目＿＿＿＿＿＿＿ 对方科目＿＿＿＿＿＿ 转账　　　年　　月　　日 单位主管　会计　记账　复核

此联收款人开户银行在款项收托后给收款单位的收账通知

（79）2016 年 12 月 18 日，从莱芜钢铁公司购入甲材料 10 吨，以预付款进行结算，差额部分以银行存款支付。相关资料见表 5－184、表 5－185、表 5－186、表 5－187、表 5－188、表 5－189。

表 5－184

山东省增值税专用发票

开票日期：2016 年 12 月 18 日　　　　　　No　3063489

| 购货单位 | 名　　　称：优卡股份有限公司
 纳税人登记号：370900000000898
 地址、电话：泰安市高新区南天街 50 号
 开户行及账号：中国农业银行高新区支行
 账号：95599007766688888888 | | | | | | 密码区 | | （略） | |

商品或劳务名称	计量单位	数量	单价	金　额 千 百 十 万 千 百 十 元 角 分	税率 %	税　额 千 百 十 万 千 百 十 元 角 分
甲材料	吨	10	50 000	5 0 0 0 0 0 0 0	17	8 5 0 0 0 0 0
合　　计				￥5 0 0 0 0 0 0 0	17	￥8 5 0 0 0 0 0
价税合计（大写）	伍拾捌万伍仟元整			￥585 000.00		

| 销货单位 | 名　　　称：莱芜钢铁公司
 纳税人登记号：370810000000799
 地址、电话：莱芜市工业路 6677 号
 开户银行及账号：建行莱城区支行 65599007766688899911 | | | | | 备注 | 莱芜钢铁公司 370810000000799 发票专业章 |

开票人：李凌　　　收款人：刘海　　　复核：李欠　　　　　销货单位（章）

第二联 抵扣联

表 5－185

山东省增值税专用发票

开票日期：2016 年 12 月 18 日　　　　　　Ｎｏ　3063489

| 购货单位 | 名　　　称：优卡股份有限公司
 纳税人登记号：370900000000898
 地址、电话：泰安市高新区南天街 50 号
 开户行及账号：中国农业银行高新区支行
 账号：95599007766688888888 | | | | | | 密码区 | | （略） | |

商品或劳务名称	计量单位	数量	单价	金　额 千 百 十 万 千 百 十 元 角 分	税率 %	税　额 千 百 十 万 千 百 十 元 角 分
甲材料	吨	10	50 000	5 0 0 0 0 0 0 0	17	8 5 0 0 0 0 0
合　　计				￥5 0 0 0 0 0 0 0	17	￥8 5 0 0 0 0 0
价税合计（大写）	伍拾捌万伍仟元整			￥585 000.00		

| 销货单位 | 名　　　称：莱芜钢铁公司
 纳税人登记号：370810000000799
 地址、电话：莱芜市工业路 6677 号
 开户银行及账号：建行莱城区支行 65599007766688899911 | | | | | 备注 | 莱芜钢铁公司 370810000000799 发票专业章 |

开票人：李凌　　　收款人：刘海　　　复核：李欠　　　　　销货单位（章）

第三联 发票联

表 5 - 186

山东省增值税专用发票

开票日期:2016 年 12 月 18 日　　　　　　No 4373476

| 购货单位 | 名　称:优卡股份有限公司
纳税人登记号:370900000000898
地 址 、电 话:泰安市高新区南天街 50 号
开户行及账号:中国农业银行高新区支行
账号:95599007766688888888 | | | | | | 密码区 | （略） | |

商品或劳务名称	计量单位	数量	单价	金　额										税率%	税　额									
				千	百	十	万	千	百	十	元	角	分		千	百	十	万	千	百	十	元	角	分
货物运输	公里				1	0	0	0	0	0	0	0	0	11					1	1	0	0	0	0
合　计				¥	1	0	0	0	0	0	0	0	0	11				¥	1	1	0	0	0	0

价税合计（大写）　壹万壹仟壹佰元整　　　　　　　　　¥11 100.00

| 销货单位 | 名　称:莱芜汽车站
纳税人登记号:371000000000110
地 址 、电 话:泰安市火车站路 1 号
开户银行及账号:中国农业银行钢城支行 95599008866611111117 | 备注 | 起运地:莱芜
目的地:泰安
运输货物:甲材料 |

开票人:马天　　　收款人:田红　　　复核:前利　　　销货单位（章）

表 5 - 187

山东省增值税专用发票

开票日期:2016 年 12 月 18 日　　　　　　No 4373476

| 购货单位 | 名　称:优卡股份有限公司
纳税人登记号:370900000000898
地 址 、电 话:泰安市高新区南天街 50 号
开户行及账号:中国农业银行高新区支行
账号:95599007766688888888 | | | | | | 密码区 | （略） | |

商品或劳务名称	计量单位	数量	单价	金　额										税率%	税　额									
				千	百	十	万	千	百	十	元	角	分		千	百	十	万	千	百	十	元	角	分
货物运输	公里				1	0	0	0	0	0	0	0	0	11					1	1	0	0	0	0
合　计				¥	1	0	0	0	0	0	0	0	0	11				¥	1	1	0	0	0	0

价税合计（大写）　壹万壹仟壹佰元整　　　　　　　　　¥11 100.00

| 销货单位 | 名　称:莱芜汽车站
纳税人登记号:371000000000110
地 址 、电 话:泰安市火车站路 1 号
开户银行及账号:中国农业银行钢城支行 95599008866611111117 | 备注 | 起运地:莱芜
目的地:泰安
运输货物:甲材料 |

开票人:马天　　　收款人:田红　　　复核:前利　　　销货单位（章）

表 5 - 188

收 料 单

2016 年 12 月 18 日

字 第 074 号

供应单位:莱芜钢铁公司

材料类别:原料及主要材料

材料编号	名称	规格	计量单位	数量 应收	数量 实收	实际成本 买价 单价	实际成本 买价 金额	实际成本 运杂费	实际成本 其他	实际成本 合计	计划成本 单位成本	计划成本 金额	记账联
001	甲材料		吨	10	10	50 000.00	500 000.00	10 000.00		510 000.00	50 000.00	500 000.00	
差异			超支差 10 000 元										

仓库负责人:马翔　　记账:马丽　　仓库保管员:王刚　　收料:田凯

表 5 - 189

中国农业银行电汇凭证(回单)

委托日期 2016 年 12 月 18 日

第 047 号

汇款人	全　称	优卡股份有限公司		收款人	全　称	莱芜钢铁公司									此联是汇出银行交给汇款单位的回单
	账　号	95599007766688888888			账　号	65599007776668899911									
	汇出地点	泰安	汇出行名称	农行高新区支行		汇入地点	莱芜	汇入行名称	建行莱城区支行						

人民币(大写)玖万陆仟壹佰元整	千	百	十	万	千	百	十	元	角	分
				¥ 9	6	1	0	0	0	0

汇出行盖章	支付密码
	附加信息及用途　　支付购料款
	复核　　　　　记账

（80）2016 年 12 月 18 日,开出转账支票,预付泰安海华公司 2017 年度办公楼租金 240 000 元,见表 5 - 190、表 5 - 191。

表 5 - 190

预付款项申请单

2016 年 12 月 18 日

申请金额:240 000 元	批准金额:240 000 元	预付方式:支票
收款单位:泰安海华公司	收款单位开户行:泰山商业银行	账号:955990077766688899111

预付内容:

　　预付房租

　　合同(协议)总金额:___240 000___ 元　　　　已预付款:___0___ 元

　　附合同___1___份,书面协议_____份,合同号___08021___。

预计到货或工程完工时间:　年　月　日

批准人:黄化强　　　总会计师:贾仁

执行情况

单位主管:黄化强　　　申请人:田文　　　会计主管:黄华　　　　　财务经办:田丽

① 存根联附传票

表 5 - 191

中国农业银行转账支票存根

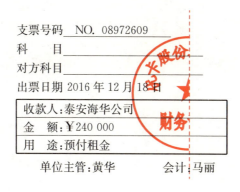

支票号码　NO. 08972609

科　　目　_____

对方科目　_____

出票日期 2016 年 12 月 18 日

收款人:泰安海华公司
金　额:￥240 000
用　途:预付租金

单位主管:黄华　　　会计:马丽

(81) 2016 年 12 月 19 日,收到广东矿业公司的 12 月 16 日购锚护机具(有现金折扣)的货款,资料见表 5 - 192。

表 5－192

⑩中国农业银行托收承付凭证(收账通知)4　第36号

委托日期 2016 年 12 月 16 日　　　　　　　　　托收号码：4717

	承付期限
	到期 2016 年 12 月 19 日

<table>
<tr><td rowspan="3">收款人</td><td>全　称</td><td>优卡股份有限公司</td><td rowspan="3">付款人</td><td>全　称</td><td colspan="12">广东矿业公司</td></tr>
<tr><td>账　号</td><td>95599007766688888888</td><td>账　号</td><td colspan="12">755990077766688899904</td></tr>
<tr><td>开户银行</td><td>中国农业银行高新区支行</td><td>开户银行</td><td colspan="12">中行东莞支行</td></tr>
<tr><td colspan="2">委托金额</td><td colspan="3">人民币(大写)伍拾捌万元整</td><td>千</td><td>百</td><td>十</td><td>万</td><td>千</td><td>百</td><td>十</td><td>元</td><td>角</td><td>分</td></tr>
<tr><td colspan="2"></td><td colspan="3"></td><td>¥</td><td>5</td><td>8</td><td>0</td><td>0</td><td>0</td><td>0</td><td>0</td><td>0</td><td>0</td></tr>
</table>

款项内容	货款	委托收款凭证名称	销售发票	附寄单证张数	1
货物发运情况		已发运		合同号	12617

备注：	本托收款项已由付款人开户行全额划回并收入你账户内。	科目
	(收款人开户银行盖章)	对方科目
	2016 年 12 月 19 日	转账　　年　月　日
		单位主管　会计　记账
		复核

[收款人开户银行盖章：中国农业银行泰安高新区支行 业务办讫章]
[发票专用章：优卡股份有限公司]

（82）2016 年 12 月 19 日，从徐州钢铁公司购入丙材料 5 吨，签发并承兑一张 3 个月期限的商业承兑汇票交给销货方，相关资料见表 5－193、表 5－194、表 5－195、表 5－196、表 5－197、表 5－198、表 5－199。

表 5－193

江苏省增值税专用发票

开票日期：2016 年 12 月 19 日　　　　　　　　No 2073478

<table>
<tr><td rowspan="4">购货单位</td><td>名　称</td><td colspan="2">优卡股份有限公司</td><td rowspan="4">密码区</td><td rowspan="4">(略)</td></tr>
<tr><td>纳税人登记号</td><td colspan="2">370900000000898</td></tr>
<tr><td>地址、电话</td><td colspan="2">泰安市高新区南天街 50 号</td></tr>
<tr><td>开户行及账号</td><td colspan="2">中国农业银行高新区支行
账号：95599007766688888888</td></tr>
</table>

<table>
<tr><td rowspan="2">商品或劳务名称</td><td rowspan="2">计量单位</td><td rowspan="2">数量</td><td rowspan="2">单价</td><td colspan="10">金额</td><td rowspan="2">税率%</td><td colspan="10">税额</td></tr>
<tr><td>千</td><td>百</td><td>十</td><td>万</td><td>千</td><td>百</td><td>十</td><td>元</td><td>角</td><td>分</td><td>千</td><td>百</td><td>十</td><td>万</td><td>千</td><td>百</td><td>十</td><td>元</td><td>角</td><td>分</td></tr>
<tr><td>丙材料</td><td>吨</td><td>5</td><td>10 000</td><td></td><td></td><td>5</td><td>0</td><td>0</td><td>0</td><td>0</td><td>0</td><td>0</td><td>0</td><td>17</td><td></td><td></td><td></td><td></td><td>8</td><td>5</td><td>0</td><td>0</td><td>0</td><td>0</td></tr>
<tr><td></td><td></td><td></td><td></td><td></td><td></td><td></td><td></td><td></td><td></td><td></td><td></td><td></td><td></td><td></td><td></td><td></td><td></td><td></td><td></td><td></td><td></td><td></td><td></td><td></td></tr>
<tr><td>合　计</td><td></td><td></td><td></td><td></td><td>¥</td><td>5</td><td>0</td><td>0</td><td>0</td><td>0</td><td>0</td><td>0</td><td>0</td><td>17</td><td></td><td>¥</td><td></td><td>8</td><td>5</td><td>0</td><td>0</td><td>0</td><td>0</td></tr>
</table>

价税合计(大写)	伍万捌仟伍佰元整	¥58 500.00

<table>
<tr><td rowspan="4">销货单位</td><td>名　称</td><td colspan="2">徐州钢铁公司</td><td rowspan="4"></td></tr>
<tr><td>纳税人登记号</td><td colspan="2">470310000000798</td></tr>
<tr><td>地址、电话</td><td colspan="2">徐州市工业路 7788 号</td></tr>
<tr><td>开户银行及账号</td><td colspan="2">中国建设银行工业路支行 755990077766688899908</td></tr>
</table>

[发票专用章：徐州钢铁公司 470310000000798 发票专业章]

开票人：陆予　　收款人：刘梅　　复核：韩红　　销货单位(章)

表 5 - 194

江苏省增值税专用发票

开票日期:2016 年 12 月 19 日　　　　　No 2073478

购货单位	名　　称:优卡股份有限公司 纳税人登记号:370900000000898 地 址 、电 话:泰安市高新区南天街 50 号 开户行及账号:中国农业银行高新区支行 账号:95599007766688888888				密码区	（略）			

商品或劳务名称	计量单位	数量	单价	金　额		税率%	税　额	
				千百十万千百十元角分			千百十万千百十元角分	
丙材料	吨	5	10 000	5 0 0 0 0 0 0		17	8 5 0 0 0 0	
合　　计				¥ 5 0 0 0 0 0		17	¥ 8 5 0 0 0 0	

价税合计(大写)	伍万捌仟伍佰元整	¥58 500.00

销货单位	名　　称:徐州钢铁公司 纳税人登记号:470310000000798 地 址 、电 话:徐州市工业路 7788 号 开户银行及账号:中国建设银行工业路支行 755990077766688899908	备注

开票人:陆予　　　　收款人:刘梅　　　　复核:韩红　　　　销货单位(章)

表 5 - 195

江苏省增值税专用发票

开票日期:2016 年 12 月 19 日　　　　　No 3173476

购货单位	名　　称:优卡股份有限公司 纳税人登记号:370900000000898 地 址 、电 话:泰安市高新区南天街 50 号 开户行及账号:中国农业银行高新区支行 账号:95599007766688888888				密码区	（略）			

商品或劳务名称	计量单位	数量	单价	金　额		税率%	税　额	
				千百十万千百十元角分			千百十万千百十元角分	
货物运输	公里			8 0 0 0 0 0		11	8 8 0 0 0	
合　　计				¥ 8 0 0 0 0 0		11	¥ 8 8 0 0 0	

价税合计(大写)	人民币捌仟捌佰捌拾元整	¥8 880.00

销货单位	名　　称:徐州火车站 纳税人登记号:450100000000110 地 址 、电 话:徐州火车站路 1 号 开户银行及账号:中国农业银行天桥支行 95599007766611111110	备注 起运地:徐州 目的地:泰安 运输货物:丙材料

开票人:马山　　　　收款人:李红　　　　复核:刘利　　　　销货单位(章)

表 5－196

江苏省增值税专用发票

开票日期：2016 年 12 月 19 日　　　　　　　No 3173476

| 购货单位 | 名　　　称：优卡股份有限公司
纳税人登记号：370900000000898
地址、电话：泰安市高新区南天街 50 号
开户行及账号：中国农业银行高新区支行
账号：95599007766688888888 | | | | | | | | | | | | | | | | 密码区 | （略） | | | | | | | | |

商品或劳务名称	计量单位	数量	单价	金额									税率%	税额								
				千	百	十	万	千	百	十	元	角	分		千	百	十	万	千	百	十	元	角	分
货物运输	公里					8	0	0	0	0	0		11						8	8	0	0	0
合　　　计					¥	8	0	0	0	0	0		11					¥	8	8	0	0	0
价税合计（大写）	捌仟捌佰捌拾元整												¥8 880.00										

| 销货单位 | 名　　　称：徐州火车站
纳税人登记号：450100000000110
地址、电话：徐州火车站路 1 号
开户银行及账号：中国农业银行天桥支行 95599007766611111110 | |

开票人：马山　　　收款人：李红　　　　　复核：刘利　　　　　　销货单位（章）

第三联　发票联

表 5－197

商业承兑汇票（卡片）1

出票日期（大写）　贰零壹陆年壹拾贰月壹拾玖日　　汇票号码　第　号

出票人全称	优卡股份有限公司		收款人	全　　称	徐州钢铁公司								
出票人账号	95599007766688888888			账　　号	75599007766688899908								
付款行全称	农业高新区支行	行号		开户银行	建行工业路支行		行号						
汇票金额	人民币（大写）陆万柒仟叁佰捌拾元整				百	十	万	千	百	十	元	角	分
						¥	6	7	3	8	0	0	0
出票到期日	贰零壹柒年零叁月壹拾玖日		付款人	行号								
交易合同号码	01089		开户行	地址	山东泰安							
出票人签章			备注：									

此联　承兑人（付款人）留存

表 5－198

商业承兑汇票 3

<table>
<tr><td colspan="2">出票日期
（大写）</td><td colspan="3">贰零壹陆年壹拾贰月壹拾玖日</td><td colspan="2">汇票号码
第 号</td><td colspan="11"></td></tr>
<tr><td>出票人全称</td><td colspan="4">优卡股份有限公司</td><td rowspan="3">收款人</td><td>全 称</td><td colspan="11">徐州钢铁公司</td></tr>
<tr><td>出票人账号</td><td colspan="4">95599007766688888888</td><td>账 号</td><td colspan="11">75599007766688899908</td></tr>
<tr><td>付款行全称</td><td colspan="2">农业高新区支行</td><td colspan="2">行号</td><td>开户银行</td><td colspan="5">建行工业路支行</td><td colspan="2">行号</td><td colspan="4"></td></tr>
<tr><td rowspan="2">汇票金额</td><td colspan="4" rowspan="2">人民币(大写)陆万柒仟叁佰捌拾元整</td><td colspan="2" rowspan="2"></td><td>百</td><td>十</td><td>万</td><td>千</td><td>百</td><td>十</td><td>元</td><td>角</td><td>分</td></tr>
<tr><td></td><td>¥</td><td>6</td><td>7</td><td>3</td><td>8</td><td>0</td><td>0</td><td>0</td></tr>
<tr><td>出票到期日</td><td colspan="4">贰零壹柒年零叁月壹拾玖日</td><td>付款人</td><td>行号</td><td colspan="10"></td></tr>
<tr><td>交易合同号码</td><td colspan="4">01089</td><td>开户行</td><td>地址</td><td colspan="10">山东泰安</td></tr>
<tr><td>备注：</td><td colspan="5"></td><td colspan="12">负责人:黄华

经办人:刘莉</td></tr>
</table>

此联 签发人留存

表 5－199

收 料 单

2016 年 12 月 19 日

字 第 039 号

供应单位：徐州钢铁公司　　　　　　　　　　　　　　材料类别：原料及主要材料

<table>
<tr><td rowspan="3">材料编号</td><td rowspan="3">名称</td><td rowspan="3">规格</td><td rowspan="3">计量单位</td><td colspan="2">数量</td><td colspan="5">实际成本</td><td colspan="2">计划成本</td><td rowspan="3">记账联</td></tr>
<tr><td rowspan="2">应收</td><td rowspan="2">实收</td><td colspan="2">买价</td><td rowspan="2">运杂费</td><td rowspan="2">其他</td><td rowspan="2">合计</td><td rowspan="2">单位成本</td><td rowspan="2">金额</td></tr>
<tr><td>单价</td><td>金额</td></tr>
<tr><td>002</td><td>丙材料</td><td></td><td>吨</td><td>5</td><td>5</td><td>10 000.00</td><td>50 000.00</td><td>8 000.00</td><td></td><td>58 000.00</td><td>10 000.00</td><td>50 000.00</td><td></td></tr>
<tr><td colspan="4">差异</td><td colspan="10">超支差　8 000 元</td></tr>
</table>

仓库负责人：马翔　　　记账：马丽　　　仓库保管员：王刚　　　收料：田凯

　　（83）2016 年 12 月 19 日，收到广东矿业公司到期的商业承兑汇票款，相关资料见表 5－200。

表 5－200

委托收款 凭证(收账通知)4

委电

委托日期 2016 年 12 月 16 日

收款人	全 称	优卡股份有限公司	付款人	全 称	广东矿业公司
	账 号	95599007766688888888		账 号	75599007776668889904
	开户银行	中国农业银行高新区支行		开户银行	中行东莞支行

委托金额	人民币(大写)贰拾叁万肆仟元整	千	百	十	万	千	百	十	元	角	分
				¥	2	3	4	0	0	0	0

款项内容	银行承兑汇票款	委托收款凭证名称	商业承兑汇票	附寄单证张数	1

备注:无力付款	付款人注意: 1. 应于见票的当日通知开户银行划款 2. 如需拒付,应在规定期限内将拒付理由书并附债务证明退交开户银行

此联收款人开户银行在款项收妥后给收款单位的收账通知

（84）2016 年 12 月 19 日,从泰安量具公司购入量具 100 件,款未付,相关资料见表 5－201、表 5－202、表 5－203。

表 5－201

山东省增值税专用发票

开票日期:2016 年 12 月 19 日　　　　　No 3063479

购货单位	名 称:优卡股份有限公司 纳税人登记号:370900000000898 地址、电话:泰安市高新区南天街 50 号 开户行及账号:中国农业银行高新区支行 账号:95599007766688888888	密码区	(略)

商品或劳务名称	计量单位	数量	单价	金 额									税率%	税 额								
				千	百	十	万	千	百	十	元	角	分		千	百	十	万	千	百	十	元	角	分
量具	件	100	5 000		5	0	0	0	0	0	0	0	17			8	5	0	0	0	0
合 计				¥	5	0	0	0	0	0	0	0	17		¥	8	5	0	0	0	0

价税合计(大写)	伍拾捌万伍仟元整	¥585 000.00

销货单位	名 称:泰安量具公司 纳税人登记号:370910000000120 地址、电话:岱宗大街 6611 号 开户银行及账号:建行岱宗支行 85599007776668899933	

开票人:李天	收款人:刘化	复核:李梅	销货单位(章)

第二联 抵扣联

表 5－202

山东省增值税专用发票

开票日期:2016 年 12 月 19 日　　　　　　　　No 3063479

购货单位	名　　　称:优卡股份有限公司 纳税人登记号:370900000000898 地　址、电　话:泰安市高新区南天街 50 号 开户行及账号:中国农业银行高新区支行 账号:95599007766688888888							密码区	(略)	

商品或劳务名称	计量单位	数量	单价	金　额		税率%	税　额	
				千百十万千百十元角分			千百十万千百十元角分	
量具	件	100	5 000	5 0 0 0 0 0 0 0		17	8 5 0 0 0 0	
合　　计				¥5 0 0 0 0 0 0 0		17	¥8 5 0 0 0 0	

价税合计(大写) 伍拾捌万伍仟元整	¥585 000.00

销货单位	名　　　称:泰安量具公司 纳税人登记号:370910000000120 地　址、电　话:岱宗大街 6611 号 开户银行及账号:建行岱宗支行 855990077766688899933

开票人:李天　　　收款人:刘化　　　　复核:李梅　　　　　销货单位(章)

表 5－203

收 料 单

2016 年 12 月 19 日　　　　　　　字 第 071 号

供应单位:泰安金星服装厂　　　　　　　材料类别:周转材料

材料编号	名称	规格	计量单位	数量		实际成本					记账联
				应收	实收	买价		运杂费	其他	合计	
						单价	金额				
005	量具		件	100	100	5 000	500 000			500 000	

仓库负责人:马翔　　记账:马丽　　仓库保管员:王刚　　收料:田凯

(85) 2016 年 12 月 19 日,从泰安金星服装厂购入工作服 200 套,签发 3 个月期限的无息银行承兑汇票一张。相关资料见表 5－204、表 5－205、表 5－206、表 5－207、表 5－208、表 5－209。

表 5－204

<h1>山东省增值税专用发票</h1>

开票日期:2016 年 12 月 19 日　　　　　　　No 3063487

购货单位	名　称:优卡股份有限公司 纳税人登记号:370900000000898 地址、电话:泰安市高新区南天街 50 号 开户行及账号:中国农业银行高新区支行 账号:95599007766688888888					密码区		(略)	

商品或劳务名称	计量单位	数量	单价	金额										税率%	税额									
				千	百	十	万	千	百	十	元	角	分		千	百	十	万	千	百	十	元	角	分
工作服	套	200	300			6	0	0	0	0	0	0	0	17				1	0	2	0	0	0	0
合　计					¥	6	0	0	0	0	0	0	0	17			¥	1	0	2	0	0	0	0

价税合计(大写)	柒万零贰佰元整	¥70 200.00

销货单位	名　称:泰安金星服装厂 纳税人登记号:370910000000119 地址、电话:岱宗大街 6677 号 开户银行及账号:建行岱宗支行 85599007766688899922	

开票人:王营　　　收款人:　　　　　复核:李力　　　　　销货单位(章)

表 5－205

<h1>山东省增值税专用发票</h1>

开票日期:2016 年 12 月 19 日　　　　　　　No 3063487

购货单位	名　称:优卡股份有限公司 纳税人登记号:370900000000898 地址、电话:泰安市高新区南天街 50 号 开户行及账号:中国农业银行高新区支行 账号:95599007766688888888					密码区		(略)	

商品或劳务名称	计量单位	数量	单价	金额										税率%	税额									
				千	百	十	万	千	百	十	元	角	分		千	百	十	万	千	百	十	元	角	分
工作服	套	200	300			6	0	0	0	0	0	0	0	17				1	0	2	0	0	0	0
合　计					¥	6	0	0	0	0	0	0	0	17			¥	1	0	2	0	0	0	0

价税合计(大写)	柒万零贰佰元整	¥70 200.00

销货单位	名　称:泰安金星服装厂 纳税人登记号:370910000000119 地址、电话:岱宗大街 6677 号 开户银行及账号:建行岱宗支行 85599007766688899922	

开票人:王营　　　收款人:王海　　　　复核:李力　　　　　销货单位(章)

第二联 抵扣票

第三联 发票联

表 5－206

收 料 单

2016 年 12 月 19 日

字 第 072 号

供应单位：泰安金星服装厂

材料类别：周转材料

材料编号	名称	规格	计量单位	数量		实际成本					记账联
				应收	实收	买价		运杂费	其他	合计	
						单价	金额				
004	工作服		套	200	200	300.00	60 000.00			60 000.00	

仓库负责人：马翔　　　记账：马丽　　　　仓库保管员：王刚　　　　收料：田凯

表 5－207

银行承兑汇票（存根）　4

出票日期 贰零壹陆年壹拾贰月壹拾玖日

付款人	全　称	优卡股份有限公司	收款人	全　称	泰安金星服装厂		
	账　号	95599007766688888888		账　号	85599007776668899922		
	开户银行	农行高新区支行	行号	开户银行	建行岱宗支行	行号	

出票金额	人民币（大写）柒万零贰佰元整	百 十 万 千 百 十 元 角 分
		¥ 7 0 2 0 0 0 0
出票到期日	贰零壹柒年零叁月壹拾玖日	付款人 开户行	行号
承兑协议编号	1346		地址	山东泰安

本汇票请你行承兑，到期无条件支付款项。

备注：

科目（借）

对方科目（贷）

转账　　　年　月　日

复核　　　记账

出票人签章

财务专用章

第四联　存根联　出票人留存

表 5-208

银行承兑协议

编号：1345

银行承兑汇票的内容：

收款人全称 泰安金星服装厂 　　付款人全称 优卡股份有限公司

开户银行 建行岱宗支行 　　开户银行 中国农业银行高新区支行

帐　　号 85599007776668899922 　　帐　　号 95599007766688888888

汇票号码 ＿＿＿＿＿＿ 　　汇票金额（大写） 柒万零贰佰元整

签发日期 2016 年 12 月 19 日 　　到期日期 2017 年 3 月 19 日

以上汇票经承兑银行承兑，承兑申请人（下称申请人）愿遵守《银行结算办法》的规定以及下列条款：

一、申请人于汇票到期日前将应付票款足额交存承兑银行。

二、承兑手续费按票面金额千分之（一）计划，在银行承兑时一次付清。

三、承兑汇票如发生任何交易纠纷，均由收付双方自行处理，票款于到期前仍按第一条办理。

四、承兑汇票到期日，承兑银行凭票无条件支付票款。如到期日之前申请人不能足额交付票款时，承兑银行对不足支付票款转作承兑申请逾期贷款，并按照有关规定计收罚息。

五、承兑汇票款付清后，本协议自动失效。本协议第一、二联分别由承兑银行信贷部门和承兑申请人存执，协议副本由承兑银行会计部门存查。

承兑申请人 优卡股份有限公司（盖章） 　　承兑银行 中国农业行行高新区支行（盖章）

订立承兑协议日期 2016 年 12 月 19 日

表 5-209

中国农业银行收费凭证（客户回单）

2016 年 12 月 19 日

账号	95599007766688888888				
户名	优卡股份有限公司				
交易量	1	交易金额	70.2	币种	01
业务种类	票据承兑手续费	多级账簿编号			
收费种类名称			收费金额		
银行承兑汇票承兑手续费			70.20		
收费合计（大写）	人民币柒拾元零贰角整				
收费合计（小写）	￥70.20				

复核： 　　　　制单：于亮

（86）2016 年 12 月 20 日,管理部门领用工作服,资料见表 5 - 210。

表 5 - 210

领 料 单

领料部门:办公室　　　　　　开票日期:2016 年 12 月 20 日　　　　　　字第 0085 号

材料编号	材料名称	规格	单位	请领数量	实发数量	数量	
						实际单价	金额
004	工作服		套	100 套	100 套	300	30 000
用途　管理部门领用		领料部门			发料部门		
		领料单位负责人	领料人	核准人		发料人	
		丁同	卞强			田凯	

（87）2016 年 12 月 20 日,领用材料,相关资料见表 5 - 211、表 5 - 212。

表 5 - 211

领 料 单

领料部门:基本生产车间　　　　　　开票日期:2016 年 12 月 20 日　　　　　　字第 0086 号

材料编号	材料名称	规格	单位	请领数量	实发数量	计划成本	
						计划单价	金额
003	乙材料		吨	10 吨	10 吨	46 000	460 000
用途　生产仪表用 2 吨　生产锚护机具用 8 吨		领料部门			发料部门		
		领料单位负责人	领料人	核准人		发料人	
		丁同	卞强			田凯	

表 5 - 212

领 料 单

领料部门:辅助生产车间　　　　　　开票日期:2016 年 12 月 20 日　　　　　　字第 0087 号

材料编号	材料名称	规格	单位	请领数量	实发数量	数量	
						计划单价	金额
016	电气元件		件	50 件	50 件	2 000	100 000
用途　生产经营用:40 件　车间一般耗用:10 件		领料部门			发料部门		
		领料单位负责人	领料人	核准人		发料人	
		丁同	卞强			田凯	

（88）2016 年 12 月 20 日,基本生产车间领用量具,资料见表 5 - 213。

表 5 - 213

领 料 单

领料部门：基本生产车间　　　开票日期：2016 年 12 月 20 日　　　字第 0088 号

材料编号	材料名称	规格	单位	请领数量	实发数量	数量	
						实际单价	金额
005	量具		件	10 件	10 件	5 000	50 000

用途 车间生产一般耗用	领料部门		发料部门	
	领料单位负责人	领料人	核准人	发料人
	丁同	卞强		田凯

（89）2016 年 12 月 20 日，支付泰安量具公司购货款，资料见表 5 - 214。

表 5 - 214

中国农业银行转账支票存根

支票号码　NO. 08972678

科　　目　_____

对方科目　_____

出票日期 2016 年 12 月 20 日

收款人：泰安量具公司
金　额：￥585 000.00
用　途：支付量具款

单位主管：黄华　　　　会计：马丽

（90）2016 年 12 月 20 日，购买四川长虹股票作交易性金融资产，资料见表 5 - 215。

表 5 - 215

证券成交过户交割单

席位号：44038　　　　打印日期：2016 年 12 月 20 日

股东名称：优卡股份有限公司	成交编号：484801
股东账号：A30408	成交数量：3 000 股
资金账号：5877966321	成交价格：15.8
期初数量：0	成交金额：47 400
期初金额：401 000.00	佣　金：82.6
股票代码：000001	印 花 税：47.4
股票名称：四川长虹	过 户 费：20
申报日期：20161220	其他费用：0
申报编号：2250	清算金额：47 550
备　注：买入	成交时间：14:32
	清算日期：20161220

经办单位：齐鲁证券交易所　　　　　　客户签章：优卡股份有限公司

（91）2016 年 12 月 20 日，卖出原作为可供出售金融资产管理的中科三环股票 1 000 股，账面余额（成本）15 000 元。资料见表 5‑216。

表 5‑216

证券成交过户交割单

席位号：64078　　　　　　打印日期：2016 年 12 月 20 日

股东名称：优卡股份有限公司	成交编号：584909
股东账号：A615166	成交数量：1 000 股
资金账号：5877966321	成交价格：17
期初数量：0	成交金额：17 000
期初金额：101 900.00	佣　金：63
股票代码：600633	印花税：17
股票名称：中科三环	过户费：20
申报日期：20161220	其他费用：0
申报编号：5250	清算金额：16 900
备　注：卖出	成交时间：10：32
	清算日期：20161220

经办单位：齐鲁证券交易所　　　　　　客户签章：优卡股份有限公司

（92）2016 年 12 月 20 日，卖出原作为交易性金融资产管理的中国国贸股票 10 000 股，账面余额（成本）100 000 元。资料见表 5‑217。

表 5‑217

证券成交过户交割单

席位号：64099　　　　　　打印日期：2016 年 12 月 20 日

股东名称：优卡股份有限公司	成交编号：584998
股东账号：A615166	成交数量：10 000 股
资金账号：5877966321	成交价格：10
期初数量：0	成交金额：100 000
期初金额：118 800.00	佣　金：80
股票代码：600831	印花税：100
股票名称：中国国贸	过户费：20
申报日期：20161220	其他费用：0
申报编号：5650	清算金额：99 800.00
备　注：卖出	成交时间：10：20
	清算日期：20161220

经办单位：齐鲁证券交易所　　　　　　客户签章：优卡股份有限公司

(93) 2016 年 12 月 20 日,优卡股份有限公司以 2 套锚护机具对广东矿业公司进行长期股权投资,取得广东矿业公司 30%的份额,能够对广东矿业公司实施重大影响。资料见表 5-218、表 5-219、表 5-220。

表 5-218

投资协议书(摘要)

投资单位:优卡股份有限公司
被投资单位:广东矿业公司
…………
第二条 优卡股份有限公司以 2 套全新锚护机具对广东矿业公司进行投资。
第三条 优卡股份有限公司投资后,占广东矿业公司新注册资本的 30%的份额。
第四条 投资日广东矿业公司所有者权益公允价值为人民币 300 万元。
…………

投资人(签章):优卡股份有限公司
2016 年 12 月 20 日

接受投资人(签章):广东矿业公司
2016 年 12 月 20 日

表 5-219

山东省增值税专用发票

开票日期:2016 年 12 月 20 日   No 463480

购货单位	名　称:广东矿业公司 纳税人登记号:444585069862385 地址、电话:广东东莞工业南路 168 号 开户行及账号:中行东莞支行 755990077766688899904	密码区	(略)

商品或劳务名称	计量单位	数量	单价	金额 千百十万千百十元角分	税率 %	税额 千百十万千百十元角分
锚护机具	套	2	500 000	1 0 0 0 0 0 0 0 0	17	1 7 0 0 0 0 0 0
合　计				¥ 1 0 0 0 0 0 0 0 0	17	¥ 1 7 0 0 0 0 0 0
价税合计(大写)	壹佰壹拾柒万元整			¥ 1 170 000.00		

销货单位	名　称:优卡股份有限公司 纳税人登记号:370900000000898 地址、电话:泰安市高新区南天街 50 号 开户银行及账号:中国农业银行高新区支行 955990077766688888888	

开票人:马强　　　收款人:田丽　　　复核:前程　　　销货单位(章)

第一联 记账联

表 5-220

商品出库单

编号:1005

2016 年 12 月 20 日

产成品库:1

产品或物品名称	规格	计量单位	数量	单价	金额	备注
锚护机具		套	2			对外投资
合计			2			

记账:马丽　　　　　仓库保管员:王刚　　　　　复核:马翔　　　　　制单:王华

（94）2016 年 12 月 20 日,管理部门领用 G 材料,G 材料成本差异率 2%,资料见表 5-221。

表 5-221

领 料 单

领料部门:管理部门　　　　　开票日期:2016 年 12 月 20 日　　　　　字第 0089 号

材料编号	材料名称	规格	单位	请领数量	实发数量	计划成本	
						计划单价	金额
009	G 材料		公斤	40公斤	40公斤	500	20 000
用途 管理部门耗用		领料部门			发料部门		
		领料单位负责人	领料人	核准人		发料人	
		孙力	王强			田凯	

（95）2016 年 12 月 20 日,优卡股份有限公司把一项仪表专利转让给泰安宏运公司,收到款项存入银行。资料见表 5-222、表 5-223、表 5-224。

表 5-222

无形资产出账通知单

2016 年 12 月 20 日

编号:020169

类别	编号	名称	数量	账面余额	摊销额		已使用年限	累计摊销额	出账原因
					年摊销额	月摊销额			
专利权		仪表专利C	1	120 000	12 000	1 000	3	36 000	对外销售

批准:黄化强　　　　　会计主管:黄华　　　　　制单:刘莉

表 5－223

山东省增值税专用发票

开票日期：2016 年 12 月 8 日　　　　　No 3173487

| 购货单位 | 名　　　称：泰安宏运公司
纳税人登记号：307985069862329
地址、电话：泰安市迎宾路 168 号
开户行及账号：工商银行岱岳区支行 53000068666 | | 密码区 | （略） |

商品或劳务名称	计量单位	数量	单价	金　额									税率%	税　额								
				千	百	十	万	千	百	十	元	角	分		千	百	十	万	千	百	十	元	角	分
仪表专利 C	件	1			9	0	0	0	0	0	0	6					5	4	0	0	0	0
合　　计					¥	9	0	0	0	0	0	0	6			¥	5	4	0	0	0	0
价税合计（大写）		玖万伍仟肆佰元整											¥95 400.00									

| 销货单位 | 名　　　称：优卡股份有限公司
纳税人登记号：370900000000898
地址、电话：泰安市高新区南天街 50 号
开户银行及账号：中国农业银行高新区支行 9559900776668888888 | 注 |

开票人：马强　　　收款人：田丽　　　复核：前程　　　销货单位（章）

第一联　记账联

表 5－224

中国农业银行进账单（收账通知）

2016 年 12 月 20 日　　　　　第 075 号

收款人	全　称	优卡股份有限公司	付款人	全　称	泰安宏运公司									
	账　号	95599007766688888888		账　号	53000068666									
	开户银行	中国农业银行高新区支行		开户银行	工商银行岱岳区支行									
						千	百	十	万	千	百	十	元	角	分
人民币（大写）玖万伍仟肆佰元整							¥	9	5	4	0	0	0	0
票据种类		电汇		收款人开户行盖章										
票据张数		1												
单位主管　　会计　　复核　　记账														

此联是收款人开户行交给收款人回单或收账通知

（96）2016 年 12 月 20 日,购买当日发行的每份面值 100 元,5 年期,分年付息、到期一次还本的 16 华西债作为持有至到期投资管理,资料见表 5-225。

表 5-225

证券成交过户交割单

席位号:13078　　　　打印日期:2016 年 12 月 20 日

股东名称:优卡股份有限公司	成交编号:684888
股东账号:A30408	成交数量:2 000 份
资金账号:5877966321	成交价格:103
期初数量:0	成交金额:206 000
期初金额:312 300.00	佣　金:174
股票代码:122817	印花税:206
债券名称:16 华西债	过户费:20
申报日期:20161220	其他费用:0
申报编号:8257	清算金额:206 400.00
备　注:买入	成交时间:09:32
	清算日期:20161220

经办单位:齐鲁证券交易所　　　　　客户签章:优卡股份有限公司

（97）2016 年 12 月 20 日,已持有到期的 5 年期,到期一次还本付息的债券 11 嘉城投,收到本息:其中投资成本 100 000 元;5 年利息共计 25 000 元,存入证券资金账户。资料见表 5-226。

表 5-226

齐鲁证券交易所客户存款凭条

2016 年 12 月 20 日

流水号:3325

户　名:优卡股份有限公司	账号:5877966321
存入金额:¥125 000.00	余额:¥343 600.00
上海账号:A615166	
深圳账号:A30408	

委托人:　　　　　操作号:899　　　　复核:李辉

(98) 2016 年 12 月 20 日,开出转账支票支付 12 月 8 日泰安机电公司电气元件货款(享受 1‰现金折扣),资料见表 5 - 227。

表 5 - 227

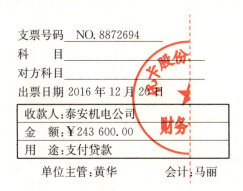

中国农业银行转账支票存根

支票号码　NO.8872694

科　　目　_____

对方科目　_____

出票日期 2016 年 12 月 20 日

| 收款人:泰安机电公司 |
| 金　额:￥243 600.00 |
| 用　途:支付贷款 |

单位主管:黄华　　　会计:马丽

(99) 2016 年 12 月 20 日,优卡股份有限公司收取出租给泰安开关厂包装物押金5 000元,存入银行,资料见表 5 - 228、表 5 - 229。

表 5 - 228

优卡股份有限公司收据

2016 年 12 月 20 日　　　　　　　　　　第 031 号

交款单位或姓名	泰安开关厂	③记账联
款项内容	包装物押金	
金　额	人民币(大写)伍仟元整	￥5 000.00

收款单位公章　　　　　收款:田丽　　　　　交款:王辉

表 5 - 229

中国农业银行进账单(收账通知)

2016 年 12 月 20 日　　　　　　　　　　第 089 号

收款人	全称	优卡股份有限公司	付款人	全称	泰安开关厂	此联是收款人开户行交给收款人回单或收账通知
	账号	95599007766688888888		账号	457812345	
	开户银行	中国农业银行高新区支行		开户银行	工行泰安分行	

人民币(大写)伍仟元整		千	百	十	万	千	百	十	元	角	分
					￥	5	0	0	0	0	0

票据种类	支票
票据张数	1 张

单位主管　会计　复核　记账

　　(100) 2016 年 12 月 20 日,优卡股份有限公司收到山东矿业公司的预付货款 200 000 元,汇款已收到,资料见表 5 - 230。

表 5 - 230

中国建设银行电汇凭证(收账通知)

2016 年 12 月 20 日　　　　　　　　　　　　　第 091 号

收款人	全　称	山东矿业公司	收款人	全　称	优卡股份有限公司	此
	账　号	155990077766688800001		账　号	955990077766688888888	联
	开户银行	建行天桥区支行		开户银行	中国农业银行高新区支行	是
	汇出地点	济南市		汇入地点	山东泰安	银

| 金额 | 人民币(大写)贰拾万元整 | 千 百 十 万 千 百 十 元 角 分 |
| | | ¥ 2 0 0 0 0 0 0 0 |

| 款项性质 | 预收货款 | |
| 单位主管　　　会计　　　复核　　　记账 | | |

（圆形印章：中国农业银行股份有限公司 泰安高新区支行 2016 年 12 月 20 日 业务办讫章）

此联是银行给收款人的收账通知

　　(101) 2016 年 12 月 20 日,优卡股份有限公司从中国农业银行借入一笔专门借款,本金 500 000 元,期限 2 年,年利率为 6%,利息按年结算,到期归还本金,资料见表 5 - 231、表 5 - 232。

表 5 - 231

中国农业银行借款合同

　　借款方(简称甲方):优卡股份有限公司
　　贷款方(简称乙方):中国农业银行股份有限公司高新区支行
　　保证方(简称丙方):泰山股份有限公司
　　甲方为建造厂房,特向乙方申请借款,经乙方审查同意发放。为明确双方责任,恪守信用,特签订本合同,共同遵守。
　　一、甲方向乙方借款人民币(大写)伍拾万元整,规定用于厂房建造。
　　二、借款期限约定为两年,即从二〇一六年十二月贰拾日至二〇一八年十二月贰拾日。甲方保证按规定用途使用资金。
　　三、贷款利息自支用贷款之日起,以实际贷款数按年息 6% 计算,按年结息。
　　四、甲方保证按还款计划归还贷款本金,甲方如不能按期偿还,乙方有权从甲方的存款户中扣收。
　　五、违约责任(略)。
　　本合同自签订之日起,贷款本息全部偿还后失效。
　　本合同正本一式三份,贷款方、借款方、保证方各执一份;合同副本一式,报送等有关单位(如经公证或鉴证,应送公证或鉴证机关)各留存一份。
　　法定代表人(签字)黄化强　　　法定代表人(签字)王庆国　　　法定代表人(签字)张一旭

| 借款方:(签字): | 贷款方:(签字): | 保证方:(签字): |
| 2016 年 12 月 20 日 | 2016 年 12 月 20 日 | 2016 年 12 月 20 日 |

表 5－232

中国农业银行借款借据（收账通知）

借款企业名称：优卡股份有限公司　　2016 年 12 月 20 日

贷款种类	基建贷款	借款人	名　称	优卡股份有限公司										
贷款账号	8559900777634265912154		账　号	95599007766688888888										
			开户银行	中国农业银行高新区支行										
借款金额：人民币（大写）伍拾万元整					千	百	十	万	千	百	十	元	角	分
						￥	5	0	0	0	0	0	0	0
用途	建造厂房		单位分录 （借） （贷）											
约定还款期限：期限 2 年，于 2018 年 12 月 20 日到期														
上列借款已批准发放，转入你单位存款账户　此致　单位　（银行签章）			单位主管　会计　复核　记账　2016 年 12 月 20 日											

（102）2016 年 12 月 20 日，优卡股份有限公司发行 5 年期公司债券（16 优卡债）1 000 000 元，用于补充生产经营资金的不足，票面年利率为 6％，优卡股份有限公司发行债券时市场利率为 5％，债券的发行价格为 1 043 740 元，款项入账，资料见表 5－233、表 5－234、表 5－235。

表 5－233

公司债券发行方案申请书（摘要）

一、发行主体：优卡股份有限公司

二、债券名称：2016 年优卡股份有限公司公司债券（简称"16 优卡债"）。

三、发行规模：人民币 100 万元。

四、债券期限：5 年。

五、债券票面利率为 6％，按年计息，每年付息一次，不计复利，到期一次还本，最后一期利息随本金的兑付一起支付。

六、债券面值 1 000 元，发行总额 100 万元。

七、发行价格为 1 043.74 元，总额 104.374 万元。

八、本次公司债券的发行期间为 2016 年 12 月 20 日至 2021 年 12 月 30 日。

九、本次公司债券的承销机构为中国农业银行股份有限公司泰安市分公司。

泰山公司法人代表：黄化强　　　　　　承销单位法人代表：刘立强

优卡股份有限公司（章）　　　　　　　承销单位（盖章）

2016 年 10 月 10 日　　　　　　　　　2016 年 11 月 15 日

表 5－234

关于核准优卡股份有限公司公开发行公司债券的批复

证监许可〔2016〕019287 号

优卡股份有限公司：

你公司报送的《优卡股份有限公司关于公开发行公司债券的申请报告》及相关文件收悉。根据《公司法》《证券法》和《公司债券发行试点办法》（证监会令第 49 号）等有关规定，经审核，现批复如下：

一、核准你公司向社会公开发行面值不超过 100 万元的公司债券（16 优卡债）。

二、你公司发行公司债券应严格按照报送我会的募集说明书及发行公告进行。

三、本批复自核准发行之日起 6 个月内有效。

四、本批复自核准发行之日起至公司债券发行结束前，你公司如发生影响本次债券发行的重大事项，应及时报告我会并按有关规定处理。

二〇一六年十二月一日

表 5－235

中国农业银行进账单（收账通知）

2016 年 12 月 20 日　　　　　　　　　　　　　第 093 号

收款人	全　称	优卡股份有限公司	付款人	全　称	中国农业银行股份有限公司泰安市分公司
	账　号	95599007766688888888		账　号	95599007776668688899987
	开户银行	中国农业银行高新区支行		开户银行	中国农业银行股份有限公司泰安市分公司

人民币（大写）壹佰零肆万叁仟柒佰肆拾元整	千	百	十	万	千	百	十	元	角	分
	¥	1	0	4	3	7	4	0	0	0

票据种类	
票据张数	

收款人开户行盖章

单位主管　　会计　　复核　　记账

（103）2016 年 12 月 20 日，优卡股份有限公司由于资金紧张，与济南钢铁公司达成债务重组协议，优卡股份有限公司欠济南钢铁公司的 468 000 元，优卡股份有限公司偿还 460 000 元，余款不再追究。优卡股份有限公司于 12 月 20 日当日支付款项。资料见表 5－236、表 5－237。

表 5－236

债务重组协议

甲方(债权人):济南钢铁公司

乙方(债务人):优卡股份有限公司

1. 乙方于 2016 年 9 月 8 日因向甲方采购形成 468 000.00 元的应付账款没能按期偿还,直至今日。因财务困难,乙方向甲方申请债务重组,为了保障债权人(甲方)最大限度的收回债权,同时也为了缓解债务人(乙方)的财务困难,经协商,双方达成如下协议:

甲方同意乙方以肆拾陆万元(¥460 000 元)清偿所欠甲方款项肆拾陆万捌仟元(¥468 000 元),余款 8 000 元甲方做出让步,不再追还,债务重组后,双方仍保持贸易往来。

2. 本协议签订后,乙方即付该款项。

3. 本协议经双方签署后即生效。

甲方:济南钢铁厂

法人代表(签字):杜康

2016 年 12 月 20 日

乙方:优卡股份有限公司

法人代表(签字):黄化强

2016 年 12 月 20 日

表 5－237

中国农业银行电汇凭证(回单)

委托日期 2016 年 12 月 20 日　　　　　　　第 048 号

汇款人	全　称	优卡股份有限公司			收款人	全　称	济南钢铁公司									此联是汇出银行交给汇款单位的回单
	账　号	95599007766688888888				账　号	855990077766688899907									
	汇出地点	泰安	汇出行名称	农行高新区支行		汇入地点	济南	汇入行名称		建行工业路支行						
人民币(大写)肆拾陆万元整							千	百	十	万	千	百	十	元	角	分
								¥	4	6	0	0	0	0	0	0
汇出行盖章					支付密码											
					附加信息及用途　支付前欠货款											
									复核　　　　记账							

(104) 2016 年 12 月 20 日,优卡股份有限公司与济南钢铁公司达成协议,优卡股份有限公司用自产的 2 台仪表偿还对济南钢铁公司的货款,仪表的市场价是 200 000 元/台,资料见表 5－238、表 5－239、表 5－240。

表 5－238

债务重组协议

甲方(债权人):济南钢铁公司

乙方(债务人):优卡股份有限公司

1. 乙方于 2016 年 12 月 10 日因向甲方采购形成 500 000.00 元的应付账款没能按期偿还,直至今日。因财务困难,乙方向甲方申请债务重组,为了保障债权人(甲方)最大限度的收回债权,同时也为了缓解债务人(乙方)的财务困难,经协商,双方达成如下协议:

甲方同意乙方于协议签署日以 2 台经评估确认公允价值为 200 000 元/台的仪表抵偿债务,余款甲方做出让步,不再追还,债务重组后,双方仍保持贸易往来。

2. 本协议签订后,乙方即付该款项。

3. 本协议经双方签署后即生效。

甲方:济南钢铁公司　　　　　　　　　乙方:优卡股份有限公司

法人代表(签字):杜康　　　　　　　　法人代表(签字):黄化强

2016 年 12 月 20 日　　　　　　　　　2016 年 12 月 20 日

表 5－239

山东省增值税专用发票

开票日期:2016 年 12 月 20 日　　　　　　　No 07564096

购货单位	名　　称:济南钢铁公司 纳税人登记号:370110000000798 地址、电话:济南市工业南路 7788 号 开户银行及账号:中国建设银行工业路支行 855990077766688899907				密码区	(略)	

商品或劳务名称	计量单位	数量	单价	金额								税率%	税额								
				千	百	十	万	千	百	十	元 角 分		千	百	十	万	千	百	十	元 角 分
仪表	台	2	200 000		4	0	0	0	0	0	0 0 0	17			6	8	0	0	0	0 0
合　　计				¥	4	0	0	0	0	0	0 0 0	17	¥		6	8	0	0	0	0 0
价税合计(大写)	肆拾陆万捌仟元整								¥468 000.00											

销货单位	名　　称:优卡股份有限公司 纳税人登记号:370900000000898 地址、电话:泰安市高新区南天街 50 号 开户银行及账号:中国农业银行高新区支行 955990077766688888888	备注

开票人:马强　　　　收款人:　　　　复核:前程　　　　销货单位(章)

第一联 记账联

表 5－240

商品出库单

2016 年 12 月 20 日

编号:2004

产成品库:2

产品或物品名称	规格	计量单位	数量	单价	金额	备注
仪表		台	2			债务重组
合　计			2			

记账:马丽　　　　　仓库保管员:刘刚　　　　复核:马翔　　　　制单:王华

第二联　记账联

(105) 2016 年 12 月 20 日,报销办公室办公费(现金),资料见表 5－241。

表 5－241

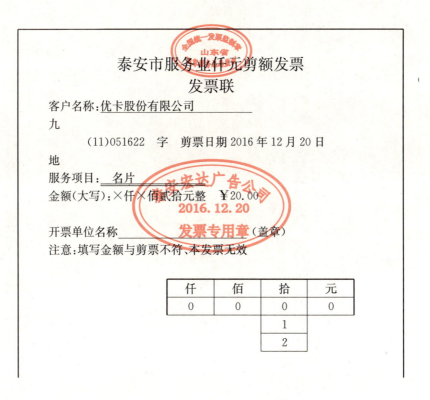

泰安市服务业仟元剪额发票

发票联

客户名称:优卡股份有限公司

九

(11)051622　字　剪票日期 2016 年 12 月 20 日

地

服务项目:　名片

金额(大写):×仟×佰贰拾元整　　　¥20.00

开票单位名称　　　　　发票专用章(盖章)

注意:填写金额与剪票不符、本发票无效

仟	佰	拾	元
0	0	0	0
		1	
		2	

（106）2016 年 12 月 20 日，销售产品，款已收到，资料见表 5－242、表 5－243、表 5－244。

表 5－242

山东省增值税专用发票

开票日期：2016 年 12 月 20 日　　　　　　　　No 31716478

| 购货单位 | 名　称：福建福旺机械有限公司
纳税人登记号：350181611314965
地　址、电　话：福州市工业开发区
开户行及账号：工行福州市支行　401102062529 | | | | | | | | | | | | | | | | | | 密码区 | （略） | | | | | | | | |

商品或劳务名称	计量单位	数量	单价	金　额									税率%	税　额								
				千	百	十	万	千	百	十	元	角	分		千	百	十	万	千	百	十	元	角	分
仪表	台	2	200 000		4	0	0	0	0	0	0	0	17			6	8	0	0	0	0
合　计				¥	4	0	0	0	0	0	0	0	17	¥		6	8	0	0	0	0
价税合计（大写）	肆拾陆万捌仟元整											¥468 000.00									

| 销货单位 | 名　称：优卡股份有限公司
纳税人登记号：370900000000898
地　址、电　话：泰安市高新区南天街 50 号
开户银行及账号：中国农业银行高新区支行 95599007766688888888 | | 备注 |

开票人：马强　　　收款人：田丽　　　复核：前程　　　销货单位（章）

表 5－243

中国农业银行进账单（收账通知）

2016 年 12 月 20 日　　　　　　　　第 095 号

收款人	全　称	优卡股份有限公司	付款人	全　称	福建福旺机械有限公司									
	账　号	95599007766688888888		账　号	40116206529									
	开户银行	中国农业银行高新区支行		开户银行	工行福州市支行	千	百	十	万	千	百	十	元	角	分
人民币（大写）肆拾陆万捌仟元整							¥	4	6	8	0	0	0	0	0
票据种类	银行汇票		收款人开户行盖章											
票据张数	1 张													
单位主管　　会计　　复核　　记账														

此联是收款人开户行交给收款人回单或收账通知

表 5－244

商品出库单

编号:2005

2016 年 12 月 20 日

产成品库:2

产品或物品名称	规格	计量单位	数量	单价	金额	备注
仪表		台	2			出售
合计			2			

记账:马丽　　　　　仓库保管员:刘刚　　　　复核:马翔　　　制单:王华

第二联　记账联

（107）2016 年 12 月 20 日,生产领用材料,相关资料见表 5－245、表 5－246。

表 5－245

领 料 单

领料部门:基本生产车间　　　　开票日期:2016 年 12 月 20 日　　　　字第 0090 号

材料编号	材料名称	规格	单位	请领数量	实发数量	计划成本	
						计划单价	金额
003	乙材料		吨	5 吨	5 吨	46 000	230 000

用途	领料部门		发料部门	
生产仪表用 2 吨 生产锚护机具用 3 吨	领料单位负责人	领料人	核准人	发料人
	丁同	卞强		田凯

第二联　会计记账联

表 5－246

领 料 单

领料部门:基本生产车间　　　　开票日期:2016 年 12 月 20 日　　　　字第 0091 号

材料编号	材料名称	规格	单位	请领数量	实发数量	计划成本	
						计划单价	金额
002	丙材料		吨	5 吨	5 吨	10 000	50 000

用途	领料部门		发料部门	
生产仪表用 1 吨 生产锚护机具用 4 吨	领料单位负责人	领料人	核准人	发料人
	丁同	卞强		田凯

第二联　会计记账联

（108）2016 年 12 月 20 日，收到贷款利息通知单，资料见表 5－247。

表 5－247

中国农业银行贷款利息通知单

2016 年 12 月 20 日

账号	95599007776668889991	计息期	积　数	利率（月）	利息金额
户名	优卡股份有限公司	2016 年 11 月 20 日起 2016 年 12 月 20 日止	￥1 500 000	0.42%	￥6 300

金额（大写）人民币陆仟叁佰元整

上列款项已从你单位往来户如数支付。

银行盖章

备注：

（109）2016 年 12 月 20 日，盘点现金，盘亏 500 元。见表 5－248、表 5－249。

表 5－248

库存现金盘点表

截止日期:2016 年 12 月 20 日　　　　　　　　盘点日期:2016 年 12 月 20 日

公司名称:优卡股份有限公司　　　　　　　　　　　　　单位:元

项　目	库存现金科目余额	现金实存数	差异（账面-实存）
金额	20 080.00	19 580.00	500.00
差异原因			
处理意见			
币值种类	单位	数量	金额
100	元	194	19 400
50	元	2	100
20	元	2	40
10	元	3	30
5	元	0	0
2	元	0	0
1	元	9	9
5	角	2	1
2	角	0	0
1	角	0	0
5	分	0	0
2	分	0	0
1	分	0	0
合　计	元	0	19 580.00

盘点小组组长:吴辉　　　　　　　会计:马丽　　　　　　　出纳:田丽

表 5－249

现金盘点报告表

2016 年 12 月 20 日

摘　要	实存金额	账存金额	盈	亏	备注
1. 主币 2. 辅币 3. 未入账 4. 白条 5. 其他	19 579.00 1.00	20 079.00 1.00		500.00 0	
合　计	19 580.00	20 080.00		500.00	

（110）2016 年 12 月 20 日,盘点现金,盘亏 500 元,经调查,属出纳处理不当造成,损失由出纳员进行赔偿。见表 5－250。

表 5－250

现金盘亏处理意见

财务科:

　　现金盘亏 500 元,经调查,属出纳处理不当造成,损失由出纳员进行赔偿。

单位负责人:黄化强

2016 年 12 月 20 日

（111）2016 年 12 月 22 日,盘点库存存货,并上报审批,资料见表 5－251。

表 5－251

存货盘点报告表

公司名称:优卡股份有限公司　　　　　2016 年 12 月 22 日

存货类别	存货名称	计量单位	数量		盈余			亏损						盈亏原因
			账存	实存	数量	计划成本	实际成本	数量	计划成本	成本差异	实际成本	进项税额转出	合计	
原材料	丁材料	件	26	27	1	5 000								发料计量差错
周转材料	量具	件	165	161				4			20 000	3 400	23 400	保管员田凯管理不善损坏

会计主管:黄华　　　　　保管员:田凯　　　　　盘点人:武钢　　文利

（112）2016 年 12 月 24 日,处理存货盘盈、盘亏,资料见表 5－252。

表 5－252

会计部门、仓储部门:

　　经研究对 2016 年 12 月 22 日盘盈、盘亏存货作出如下处理意见:盘盈的 1 件原材料价值冲减管理费用;盘亏的 4 件量具由保管员田凯赔偿。

此致

优卡股份有限公司
2016 年 12 月 24 日

（113）2016 年 12 月 31 日,四川长虹收盘价每股 14.8 元,计算四川长虹公允价值变动损益(填写下表),并进行账务处理,资料见表 5－253。

表 5－253

交易性金融资产公允价值变动计算表

2016 年 12 月 31 日

名　称	调整前账面价值			期末公允价值	公允价值增（＋）减（－）变动
	成本	公允价值变动			
		借方	贷方		
四川长虹	47 400				
合　计					

制表:刘莉　　　　　　　　　　　　　　　　审核:前程

（114）2016 年 12 月 31 日,鲁润股份(见业务 18)收盘价每股 22 元,计算鲁润股份公允价值变动损益(填写下表),并进行账务处理,资料见表 5－254。

表 5－254

可供出售金融资产公允价值变动计算表

2016 年 12 月 31 日

名　称	调整前账面价值			期末公允价值	公允价值增（＋）减（－）变动
	成本	公允价值变动			
		借方	贷方		
鲁润股份	41 150				
合　计					

制表:刘莉　　　　　　　　　　　　　　　　审核:前程

（115）2016 年 12 月 31 日,计提固定资产折旧(填列下表并进行账务处理)。资料见表 5－255。

表 5－255

固定资产折旧计算表

2016 年 12 月 31 日

科目　　部门　　类别		项目	月初应计折旧 固定资产原价	折旧	
				月折旧率	月折旧额
制造费用	基本生产车间	房屋及建筑物	3 000 000	2%	
		机器设备	2 000 000	5%	
		车辆	1 600 000	4%	
		小计	6 600 000		
管理费用	管理部门	房屋及建筑物	1 000 000	2%	
		机器设备	1 400 000	5%	
		小计	2 400 000		
总　　　　计			9 000 000		

会计主管:黄华　　　　　　　　　　　　　　　　　　　制单:刘莉

（116）2016 年 12 月 31 日,计提无形资产摊销。资料见表 5－256。

表 5－256

无形资产摊销计算表

2016 年 12 月 31 日　　　　　　　　　　　　　　编号:02013

无形资产名称	无形资产余额	使用年限	本月摊销额
锚护技术专利	600 000	10	5 000
合　　计	600 000		5 000

会计主管:黄华　　　　　　　　　　　　　　　　　　　制单:刘莉

（117）2016 年 12 月 31 日计算 2015 年 1 月 1 日从中国工商银行借入按年付息到期还本的办公楼工程专门借款 400 000 元,该工程 2015 年 12 月 31 日已完工(完成下表并编制记账凭证),资料见表 5－257、表 5－258。

表 5－257

专门借款利息计算单

2016 年 12 月 31 日　　　　　　　　　　　　　　单位:元

项　　目	借款 本金	借款 利率	计息期	利息	闲置资金收益			资本化 金额	费用化 金额
					闲置 本金	闲置 收益率	闲置资金 收益额		
专门借款	400 000	6%	12 个月		—	3%	—		
合　　计									

会计主管:黄华　　　　　　　　　　　　　　　　　　　制单:刘莉

表 5－258

中国农业工商银行计付利息通知单（付款通知）

单位名称	优卡股份有限公司	结算户	
计息起止日期	2016.1.1—2016.12.31		
存款户账号	借款本金	利率	利息金额
95599007766688888888	400 000	6％	24 000

上述借款利息已按规定从你单位账户划出。

此致

贷款单位（银行盖章） 复核 记账

（118）2016 年 12 月 31 日，计算并支付 2015 年 1 月 1 日从农业银行借入 5 000 000 元，期限 3 年，年利率为 12％，利息按年支付，到期偿还本金和最后一期利息的长期借款的利息，资料见表 5－259。

表 5－259

中国农业银行计付利息通知单（付款通知）

2016 年 12 月 31 日　　　　　　　　第 13 号

单位名称	优卡股份有限公司	结算户	
计息起止日期	2016.1.1—2016.12.31		
存款户账号	借款本金	利率	利息金额
95599007766688888888	5 000 000	12％	600 000

上述借款利息已按规定从你单位账户划出。

此致

贷款单位（银行盖章） 复核 记账

（119）2016 年 12 月 31 日，对 2016 年 1 月 1 日购入的中国航天科技集团公司发行的每份面值 100 元，5 年期，分年付息、到期还本、票面利率 6％ 的 1 000 份 16 航天债进行计息摊销，资料见表 5－260［把债券利息计算和溢（折）价摊销表补充完整并编制记账凭证］。

表 5 - 260

持有至到期投资利息计算和溢(折)价摊销表

2016 年 12 月 31 日

债券名称	16 航天债
发行日期	2016 年 1 月 1 日
债券期限	5 年
票面价值	100
票面利率(单利)	6%
利息支付方式	分年付息
购买份数	1 000
购买价格	98 000
实际利率	7%
应收利息	
应摊销利息调整	
投资收益	

制表:刘莉　　　　　　　　审核:前程

(120) 2016 年 12 月 31 日,分配本月工资薪酬费用(基本生产车间生产工人工资薪酬由锚护机具承担 60%,仪表承担 40%),资料见表 5 - 261、表 5 - 262。

表 5 - 261

工资薪酬结算汇总表

2016 年 12 月　　　　　　　　　　　　　　单位:元

车间或部门		计时工资	计件工资	奖金	津贴补贴	缺勤扣款	应付工资	代 扣 款			实发工资
								水电费	保险费	公积金	
基本车间	生产	600 000	250 000	100 000	20 000	22 000	948 000	12 000	104 280	94 800	736 920
	管理	200 000		40 000	10 000	12 000	238 000	6 000	26 180	23 800	182 020
辅助车间	生产	100 000	50 000	60 000	50 000	20 000	240 000	18 000	26 400	24 000	171 600
	管理	10 000		30 000	20 000	10 000	50 000	7 200	5 500	5 000	32 300
公司管理人员		40 000		50 000	30 000		120 000	30 000	13 200	12 000	64 800
专设销售机构		60 000		40 000	30 000		130 000	30 000	14 300	13 000	72 700
合 计		1 010 000	300 000	320 000	160 000	64 000	1 726 000	103 200	189 860	172 600	1 260 340

会计主管:黄华　　　　　　人力资源部:汪海　　　　　　制单:刘莉

表 5－262

工资薪酬费用分配表

2016 年 12 月　　　　　　　　　　　　　　　　　　单位:元

车间 部门 应借科目	锚护机具	仪表	基本生 产车间	辅助生 产车间	公司管 理人员	专设销 售机构	合计
生产成本－ 基本生产成本	568 800	379 200					948 000
生产成本－ 辅助生产成本				240 000			240 000
制造费用			238 000	50 000			288 000
管理费用					120 000		120 000
销售费用						130 000	130 000
合　　计	568 800	379 200	238 000	196 000	120 000	130 000	1 726 000

会计主管:黄华　　　　　　　　　　　　　　　　　　制单:刘莉

（121）2016 年 12 月 31 日,计提工会经费及职工教育经费,资料见表 5－263。

表 5－263

工资薪酬附加费计算分配表

2016 年 12 月 31 日　　　　　　　　　　　　　　　单位:元

项 目 应借科目		应付工 资总额	应提工会经费		应提职工教育经费	
			计提 比例	金额	计提 比例	金额
基本 车间	锚护机具	568 800	2‰	11 376	1.5‰	8 532
	仪表	379 200	2‰	7 584	1.5‰	5 688
	小计	948 000	2‰	18 960	1.5‰	14 220
	管理	238 000	2‰	4 760	1.5‰	3 570
辅助 车间	生产	240 000	2‰	4 800	1.5‰	3 600
	管理	50 000	2‰	1 000	1.5‰	750
公司管理人员		120 000	2‰	2 400	1.5‰	1 800
专设销售机构		130 000	2‰	2 600	1.5‰	1 950
合　　计		1 726 000	2‰	34 520	1.5‰	25 890

会计主管:黄华　　　　　　　　　　　　　　　　　　制单:刘莉

（122）2016 年 12 月 31 日，计提职工公积金，资料见表 5－264。

表 5－264

住房公积金计提表

2016 年 12 月 31 日　　　　　　　　　　　　　　　　　　　单位:元

项　目 应借科目		应付工资总额	住房公积金			
			单位负担		个人负担	
			比例	金额	比例	金额
基本 车间	锚护机具	568 800	10%	56 880	10%	56 880
	仪表	379 200	10%	37 920	10%	37 920
	小计	948 000	10%	94 800	10%	94 800
	管理	238 000	10%	23 800	10%	23 800
辅助 车间	生产	240 000	10%	24 000	10%	24 000
	管理	50 000	10%	5 000	10%	5 000
公司管理人员		120 000	10%	12 000	10%	12 000
专设销售机构		130 000	10%	13 000	10%	13 000
合　计		1 726 000	10%	172 600	10%	172 600

会计主管:黄华　　　　　　　　　　　　　　制单:刘莉

（123）2016 年 12 月 31 日，缴纳住房公积金，资料见表 5－265。

表 5－265

山东省住房公积金专用收款票据

流水线:3709024249278　　　　开据时间:2016 年 12 月 31 日　　　　NO:1230000789

缴款单位:优卡股份有限公司　　　经济类型:股份有限公司　　　　　金额单位:元

收费项目	起始年月	终止年月	人数	单位缴纳额	个人缴纳额	滞纳金	利息	合计金额
住房公积金	201612	201612	100	172 600	172 600			345 200

合计(大写)人民币叁拾肆万伍仟贰佰元整　　　　　　　　　¥345 200.00

收款单位(章):　　　　财务审核人:　　　　业务复核人:　　　　操作人:方雷

(124) 2016 年 12 月 31 日,计提并缴纳社会保险费,资料见表 5 - 266,表 5 - 267。

表 5 - 266

社会保险费计提表

2016 年 12 月 31 日

单位:元

应借科目	项目	应付工资总额	养老保险 单位负担 比例	养老保险 单位负担 金额	养老保险 个人负担 比例	养老保险 个人负担 金额	失业保险 单位负担 比例	失业保险 单位负担 金额	失业保险 个人负担 比例	失业保险 个人负担 金额	医疗保险 单位负担 比例	医疗保险 单位负担 金额	医疗保险 个人负担 比例	医疗保险 个人负担 金额	工伤保险 单位负担 比例	工伤保险 单位负担 金额	生育保险 单位负担 比例	生育保险 单位负担 金额	合计 单位负担	合计 个人负担	合计 总计
基本车间	锚护机具	568 800	20%	113760	8%	45 504	2%	11 376	1%	5 688	6%	34 128	2%	11 376	2%	11 376	1%	5 688	176 328	62 568	238 896
基本车间	仪表	379 200	20%	75 840	8%	30 336	2%	7 584	1%	3 792	6%	22 752	2%	7 584	2%	7 584	1%	3 792	117 552	41 712	159 264
基本车间	小计	948 000	20%	196 800	8%	78 720	2%	19 680	1%	9 840	6%	59 040	2%	19 680	2%	19 680	1%	9 840	293 880	104 280	398 160
基本车间	管理	238 000	20%	47 600	8%	19 040	2%	4 760	1%	2 380	6%	14 280	2%	4 760	2%	4 760	1%	2 380	73 780	26 180	99 960
辅助车间	生产	240 000	20%	48 000	8%	19 200	2%	4 800	1%	2 400	6%	14 400	2%	4 800	2%	4 800	1%	2 400	74 400	26 400	100 800
辅助车间	管理	50 000	20%	10 000	8%	4 000	2%	1 000	1%	500	6%	3 000	2%	1 000	2%	1 000	1%	500	15 500	5 500	21 000
公司管理人员		120 000	20%	24 000	8%	9 600	2%	2 400	1%	1 200	6%	7 200	2%	2 400	2%	2 400	1%	1 200	37 200	13 200	50 400
专设销售机构		130 000	20%	26 000	8%	10 400	2%	2 600	1%	1 300	6%	7 800	2%	2 600	2%	2 600	1%	1 300	40 300	14 300	54 600
合　计		1 726 000	20%	345 200	8%	138 080	2%	34 520	1%	17 260	6%	103 560	2%	34 520	2%	34 520	1%	17 260	535 060	189 860	724 920

会计主管:黄华　　　　制单:刘莉

表 5－267

山东省社会保险费专用收款票据

流水线:3709024249278　　　　开据时间:2016 年 12 月 31 日　　　　NO:1230000789

缴款单位:优卡股份有限公司　　　经济类型:股份有限公司　　　　　金额单位:元

收费项目	起始年月	终止年月	人数	单位缴纳额	个人缴纳额	滞纳金	利息	合计
养老保险费	201612	201612	100	345 200	138 080			483 280
失业保险	201612	201612	100	34 520	17 260			51 780
医疗保险	201612	201612	100	103 560	34 520			138 080
工伤保险	201612	201612	100	34 520	—			34 520
生育保险	201612	201612	100	17 260	—			17 260
合　计	201612	201612	100	535 060	189 860			724 920

合计大写人民币柒拾贰万肆仟玖佰贰拾元整　　　　　　　　　　　　　¥ 724 920.00

收款单位(章):　　　　财务审核人:　　　　业务复核人:　　　操作人:刘蒙

（125）2016 年 12 月 31 日,偿还 2016 年 6 月 30 日从农行借入 100 000 元,年利率为 6%,期限 6 个月利息与本金到期一次性偿还的短期借款本金和利息,资料见表 5－268、表 5－269。

表 5－268

短期借款利息计算单

2016 年 12 月 31 日

项　目	本　金	年利率	计息期	利息金额
短期借款	100 000	6%	6 个月	3 000
合　计	100 000	6%	6 个月	¥3 000

会计主管:黄华　　　　　　　　　　　　　　　　制单:刘莉

表 5－269

中国农业银行还款凭证(付款通知)

2016 年 12 月 31 日　　　　　　　　　　第 089 号

收款人	全　称	中国农业银行股份有限公司高新区支行	付款人	全　称	优卡股份有限公司										
	账　号	95599007776688899987		账　号	95599007766688888888										
	开户银行	中国农业银行高新区支行		开户银行	中国农业银行高新区支行										

	千	百	十	万	千	百	十	元	角	分
人民币(大写)壹拾万零叁仟元整		¥	1	0	3	0	0	0	0	0

转账　借款本金、利息

借:
贷:

复核　　　记账

（126）2016 年 12 月 31 日，根据有关资料，计算本月（G 材料除外）原材料综合成本差异率（差异率保留百分之 0.01 位），见表 5－270。

表 5－270

材料成本差异计算表

2016 年 12 月 31 日

类别	月初结存		本月收入		合计		成本差异率
	计划成本	成本差异	计划成本	成本差异	计划成本	成本差异	
原材料							
合　计							

会计主管：黄华　　　　　　审核：前程　　　　　　制单：刘莉

（127）2016 年 12 月 31 日，根据领料单，编制公司本月原材料（G 材料除外）消耗汇总表，并予以结转发出材料成本，见表 5－271。

表 5－271

原材料消耗汇总表

2016 年 12 月 31 日

类别 部门及用途 ＼ 原材料	计划成本					合计	成本差异 0.73%	实际成本
基本生产车间　锚护机具								
仪表								
一般消耗								
辅助生产车间　生产经营								
一般消耗								
企业管理部门								
合　计								

会计主管：黄华　　　　　　审核：前程　　　　　　制单：刘莉

（128）2016 年 12 月 31 日，结转辅助生产车间的制造费用，见表 5－272。

表 5－272

制造费用分配表（辅助生产车间）

2016 年 12 月 31 日

分配对象	分配金额
辅助生产	

会计主管：黄华　　　　　　审核：前程　　　　　　制单：刘莉

（129）2016 年 12 月 31 日,分配辅助生产费用,见表 5 - 273。12 月份,辅助生产车间共提供生产服务工时 100 小时,其中基本生产车间 90 小时,管理部门 10 小时。

表 5 - 273

辅助生产费用分配表
2016 年 12 月 31 日

分配对象	辅助生产成本
基本生产车间(90 小时)	
管理部门(10 小时)	

会计主管:黄华　　　　　　　审核:前程　　　　　　　制单:刘莉

（130）2016 年 12 月 31 日,分配结转基本生产车间制造费用,见表 5 - 274。

表 5 - 274

制造费用分配表(基本生产车间)
2016 年 12 月 31 日

产品名称 ＼ 项目	分配比例	分配额
锚护机具	60%	
仪表	40%	
合　计		

会计主管:黄华　　　　　　　审核:前程　　　　　　　制单:刘莉

（131）2016 年 12 月 31 日,编制产成品成本汇总表,结转完工产品成本,月末在产品成本计算采用约当产量法,投料程度与完工程度一致,见表 5 - 275、表 5 - 276、表 5 - 277、表 5 - 278。

表 5 - 275

产品产量统计表
2016 年 12 月

产品	单位	月初在产品	本月投产	本月完工	月末在产品	
					数量	完工程度
锚护机具	套	9	16	15	10	50%
仪表	台	8	17	15	10	50%

制单:田华

表 5 - 276

成本计算单

产品名称:锚护机具　　　　2016 年 12 月 31 日　　本月完工:15 套　月末在产品 10 套

项　目		直接材料	直接人工	制造费用	合计
月初在产品成本					
本月发生生产费用					
合计					
约当产量	完工产品数量				
	月末在产品约当产量				
分配率					
本月完工产品成本					
月末在产品成本					

会计主管:黄华　　　　　　审核:前程　　　　　　　　制单:刘莉

表 5 - 277

成本计算单

产品名称:仪表　　　　　2016 年 12 月 31 日　　本月完工:15 台　月末在产品 10 台

项　目		直接材料	直接人工	制造费用	合计
月初在产品成本					
本月发生生产费用					
合计					
约当产量	完工产品数量				
	月末在产品约当产量				
分配率					
本月完工产品成本					
月末在产品成本					

会计主管:黄华　　　　　　审核:前程　　　　　　　　制单:刘莉

表 5 - 278

产成品成本汇总表

2016 年 12 月 31 日

产品名称	计量单位	数量	直接材料	直接人工	制造费用	合计	
						单位成本	总成本
锚护机具							
仪表							
合　计							

会计主管:黄华　　　　　　审核:前程　　　　　　　　制单:刘莉

（132）2016 年 12 月 31 日，计算并结转商品销售成本，见表 5－279。

表 5－279

主营业务成本结算单

2016 年 12 月 31 日

商品种类	月初产品成本			本月完工入库商品成本			本月发出商品成本		
	数量	单位成本	总成本	数量	单位成本	总成本	数量	加权平均单位成本	总成本
锚护机具									
仪表									
合　计									

会计主管：黄华　　　　　审核：前程　　　　　　　制单：刘莉

（133）2016 年 12 月 31 日，填制 12 月份增值税（未交增值税应予转出）以及附加税费纳税申报表。见表 5－280、表 5－281。

表 5－280

附件 1

增值税纳税申报表

（一般纳税人适用）

根据国家税收法律法规及增值税相关规定制定本表。纳税人不论有无销售额，均应按税务机关核定的纳税期限填写本表，并向当地税务机关申报。

税款所属时间：自 2016 年 12 月 1 日至 2016 年 12 月 31 日　　填表日期：2016 年 12 月 31 日　　金额单位：元至角分

纳税人识别号： 8 0 0 3 9 7 0 0 0 0 0 0 0 0 0 0 0 0 0 8 9 8　　所属行业：制造业

纳税人名称	优卡股份有限公司（公章）	法定代表人姓名	黄化强	注册地址	泰安市高新区南天街 50 号	生产经营地址	泰安市高新区南天街 50 号
开户银行及账号	中国农业银行高新区支行95599007766688888888	登记注册类型		股份有限公司		电话号码	

项　目		栏次	一般项目		即征即退项目	
			本月数	本年累计	本月数	本年累计
销售额	（一）按适用税率计税销售额	1				
	其中：应税货物销售额	2				
	应税劳务销售额	3				
	纳税检查调整的销售额	4				
	（二）按简易办法计税销售额	5				
	其中：纳税检查调整的销售额	6				
	（三）免、抵、退办法出口销售额	7			——	——
	（四）免税销售额	8			——	——
	其中：免税货物销售额	9			——	——
	免税劳务销售额	10			——	——

项　目		栏次	一般项目		即征即退项目	
			本月数	本年累计	本月数	本年累计
税款计算	销项税额	11				
	进项税额	12				
	上期留抵税额	13			——	
	进项税额转出	14				
	免、抵、退应退税额	15			——	
	按适用税率计算的纳税检查应补缴税额	16			——	
	应抵扣税额合计	17＝12＋13－14－15＋16			——	
	实际抵扣税额	18（如17＜11，则为17，否则为11）				
	应纳税额	19＝11－18				
	期末留抵税额	20＝17－18			——	
	简易计税办法计算的应纳税额	21				
	按简易计税办法计算的纳税检查应补缴税额	22				
	应纳税额减征额	23				
	应纳税额合计	24＝19＋21－23				
税款缴纳	期初未缴税额（多缴为负数）	25				
	实收出口开具专用缴款书退税额	26				
	本期已缴税额	27＝28＋29＋30＋31				
	① 分次预缴税额	28			——	
	② 出口开具专用缴款书预缴税额	29			——	
	③ 本期缴纳上期应纳税额	30				
	④ 本期缴纳欠缴税额	31				
	期末未缴税额（多缴为负数）	32＝24＋25＋26－27				
	其中：欠缴税额（≥0）	33＝25＋26－27			——	
	本期应补（退）税额	34＝24－28－29			——	
	即征即退实际退税额	35	——			
	期初未缴查补税额	36			——	
	本期入库查补税额	37			——	
	期末未缴查补税额	38＝16＋22＋36－37			——	
授权声明	如果你已委托代理人申报，请填写下列资料：　为代理一切税务事宜，现授权（地址）　　　　为本纳税人的代理申报人，任何与本申报表有关的往来文件，都可寄予此人。　　　　　授权人签字：	申报人声明	本纳税申报表是根据国家税收法律法规及相关规定填报的，我确定它是真实的、可靠的、完整的。　　　　声明人签字：			

主管税务机关：　　　　　　　接收人：　　　　　接收日期：

表 5－281

附加税（费）纳税申报表

纳税人识别号：| 3 | 7 | 0 | 9 | 0 | 0 | 0 | 0 | 0 | 0 | 0 | 0 | 0 | 0 | 0 | 0 | 0 | 0 | 8 | 9 | 8 |

纳税人名称：(公章)

税款所属期限：自 2016 年 12 月 1 日至 2016 年 12 月 31 日

填表日期： 年 月 日　　　　　　　　　　　金额单位：元(列至角分)

计税依据 （计征依据）		计税金额 （计征金额）	税率 （征收率）	本期应纳税额	本期已缴税额	本期应补 （退）税额
		1	2	3＝1×2	4	5＝3－4
城市维护 建设税	增值税		7％			
	消费税		7％			
	营业税		7％			
	合计		──			
教育费 附加	增值税		3％			
	消费税		3％			
	营业税		3％			
	合计		──			
	销售收入					
地方教育 附加	增值税					
	消费税					
	营业税					
	合计					
纳税人或代理人 声明： 此纳税申报表是根据国家税收法律的规定填报的，我确信它是真实的、可靠的、完整的。	如纳税人填报，由纳税人填写以下各栏					
	经办人 （签章）		会计主管 （签章）		法定代表人 （签章）	
	如委托代理人填报，由代理人填写以下各栏					
	代理人名称				代理人（公章）	
	经办人（签章）					
	联系电话					

以下由税务机关填写

受理人		受理日期		受理税务机关（签章）	

填表说明：

本表适用于城市维护建设税、教育费附加、地方教育附加纳税人填报。

（134）2016 年 12 月 31 日，将本月收入转入本年利润（填写下表并编制记账凭证），见表 5－282。

表 5－282

收入类科目的本月净发生额

2016 年 12 月 31 日

科目名称	借　　　方	贷　　　方
合　计		

主管（盖章）：黄华　　　　　审核：前程　　　　　制单：刘莉

（135）2016 年 12 月 31 日，将本月支出及费用转入本年利润（填写下表并编制记账凭证），资料见表 5 - 283。

表 5 - 283

费用类科目的本月净发生额

2016 年 12 月 31 日

科目名称	借　　　方	贷　　　方
合　　计		

主管（盖章）：黄华　　　　　审核：前程　　　　　制单：刘莉

（136）2016 年 12 月 31 日，填制 12 月份所得税纳税申报表，计提并结转 12 月份的所得税费用。见表 5 - 284。

表 5 - 284

中华人民共和国
企业所得税月（季）度预缴纳税申报表（A 类）

税款所属期间：2016 年 12 月 1 日 至 2016 年 12 月 31 日

纳税人识别号 | 3 7 0 9 0 0 0 0 0 0 0 0 0 0 0 0 0 0 0 8 9 8

纳税人名称：优卡股份有限公司　　　金额单位：　人民币元（列至角分）

行次	项　　目	本期金额	累计金额
1	**一、按照实际利润额预缴**		
2	营业收入		
3	营业成本		
4	利润总额		
5	加：特定业务计算的应纳税所得额		
6	减：不征税收入		
7	免税收入		
8	弥补以前年度亏损		
9	实际利润额（4 行＋5 行－6 行－7 行－8 行）		
10	税率（25％）		
11	应纳所得税额		
12	减：减免所得税额		
13	减：实际已预缴所得税额	——	
14	减：特定业务预缴（征）所得税额		
15	应补（退）所得税额（11 行－12 行－13 行－14 行）	——	
16	减：以前年度多缴在本期抵缴所得税额		
17	本期实际应补（退）所得税额	——	
18	**二、按照上一纳税年度应纳税所得额平均额预缴**		
19	上一纳税年度应纳税所得额	——	
20	本月（季）应纳税所得额（19 行×1/4 或 1/12）		
21	税率（25％）		
22	本月（季）应纳税所得额（20 行×21 行）		

续 表

行次	项 目	本期金额	累计金额
23	**三、按照税务机关确定的其他方法预缴**		
24	本月(季)确定预缴的所得税额		
25	总分机构纳税人		
26	总机构 总机构应分摊所得税额(15行或22行或24行×总机构应分摊预缴比例)		
27	财政集中分配所得税额		
28	分支机构应分摊所得税额(15行或22行或24行×分支机构应分摊比例)		
29	其中:总机构独立生产经营部门应分摊所得税额		
30	总机构已撤销分支机构应分摊所得税额		
31	分支机构 分配比例		
32	分配所得税额		

谨声明:此纳税申报表是根据《中华人民共和国企业所得税法》《中华人民共和国企业所得税法实施条例》和国家有关税收规定填报的,是真实的、可靠的、完整的。

法定代表人(签字): 年 月 日

纳税人公章: 会计主管: 填表日期: 年 月 日	代理申报中介机构公章: 经办人: 经办人执业证件号码: 代理申报日期: 年 月 日	主管税务机关受理专用章: 受理人: 受理日期: 年 月 日

国家税务总局监制

(137) 2016年12月31日,结转本年利润。

(138) 2016年12月31日,按全年税后净利润的10%提取法定盈余公积,并结转利润分配明细账户。

(139) 编制2016年12月31日资产负债表。

(140) 依据2016年12月份核算资料以及1—11月份累积资料,见表5-285,编制2016年度利润表。

表5-285

1—11月份损益类账户累积发生额

科目名称	借 方	贷 方
主营业务收入		72 800 000
营业外收入		230 000
投资收益		30 000
公允价值变动损益		20 000
主营业务成本	55 986 000	
营业税金及附加	1 040 650	
管理费用	4 475 953.33	
财务费用	6 462 730	
销售费用	1 456 500	
营业外支出	867 500	
所得税费用	697 666.67